LA VALLÉE
DES DIX MILLE FUMÉES

Du même auteur

Décidément rien
poèmes
Librairie-Galerie Racine, 2001

Les Béquilles
roman
Maurice Nadeau, 2004

Un vigile
roman
Maurice Nadeau, 2005

Blanche
roman
Seuil, 2006

La Traversée du Mozambique par temps calme
roman
Prix Pierre Mac Orlan 2008
Prix Amerigo Vespucci 2008
Seuil, 2008
et « Points », n° P2207

Un été sur le Magnifique
roman
Seuil, 2011

La Fourmi assassine
roman
Seuil, 2015

Fiction & Cie

Patrice Pluyette

LA VALLÉE DES DIX MILLE FUMÉES

roman

Éditions du Seuil
25, bd Romain-Rolland, Paris XIVe

COLLECTION
« Fiction & Cie »
fondée par Denis Roche
dirigée par Bernard Comment

ISBN : 978-2-02-124002-3

www.seuil.com

L'auteur remercie la région Île-de-France pour sa résidence
et le Muséum national d'Histoire naturelle
pour son si bon accueil.

Pour Blandine, encore. Et Martin.

I

Tout porte à y croire : en pleine retraite monsieur Henri se remet à naître. Il est pourtant déjà vieux mais il ouvre les yeux comme si c'était la première fois sur une surface plane, claire, horizontale, limitant l'espace dans sa partie supérieure. Le regard se fixe sur cette surface sans que le cerveau cherche à identifier l'image ni à lui trouver un nom (plafond) ; rien que d'avoir ouvert les yeux et de découvrir une lumière, monsieur Henri trouve cela formidable. En fermant les paupières la lumière se retire, à l'inverse forcément le jour revient. Ce qui nous semble évident est une source d'émerveillement pour lui. Le mouvement répond à sa volonté : clignement, balayage oculaire droit, gauche, coupe transversale. En relevant un peu la tête on exerce la technique sur trois autres surfaces (la quatrième s'élève derrière lui) séparées de la première par un angle droit. Elles se font face jusqu'à une autre surface égale et parallèle à celle du dessus (sol). Monsieur Henri repose dans quelque chose (lit) qui repose sur cette surface.

À rester immobile sauf les yeux, au bout d'un moment un phénomène attire son attention : poussière volant dans la lumière du matin. Ou plutôt : rayon de soleil passant sous les volets fermés, dressant une diagonale dans la demi-pénombre de la pièce ; cette diagonale se matérialise au sol par une sorte de parallélogramme. Et dans ce rayon vole de la poussière. Ou plutôt : dans cette lumière un tas de petites choses bougent. Il y a de la poussière partout qui vole tout le temps et se pose à chaque seconde. Mais c'est surtout à l'intérieur et quand elle traverse un angle lumineux qu'on l'aperçoit.

C'est difficile de suivre une poussière en train de voler, en général c'est l'ensemble des poussières suspendues qu'on remarque et dont on essaye d'isoler la trajectoire qui finit par se confondre avec les autres. Là, sous nos yeux et devant monsieur Henri, elles sont des milliers à se croiser, à se bousculer, à se percuter doucement, à descendre, à remonter, à ne plus savoir où voler dans cette foule de légèreté, ni où se poser.

La diagonale se déplace, à sa base le parallélogramme se déforme imperceptiblement. Sans Soleil le spectacle n'existerait pas, pourtant la poussière est bien là mais on ne la voit pas.

L'absence de bruit, quand elle est absolue, ressemble parfois à un bruit, un son négatif, une sorte de bruit blanc, inversé, une absence de bruit si intense qu'elle occupe tout l'espace et qu'on croirait vivante, habitée de plusieurs autres couches de silence ouvrant sur d'autres mondes. C'est en tout cas ce que monsieur Henri perçoit depuis son lit : il s'amuse alors à tromper ce silence en respirant plus fort, en prenant conscience qu'il respire, en claquant sa langue contre son palais (il prend conscience de sa langue et d'un palais qui lui appartiendrait), en frottant ses pieds l'un contre l'autre sous les draps, en bougeant dans son lit. Le voilà à présent qui se lève, se relève d'abord, sur les coudes, puis en position assise, marche sur les lames du plancher qui se courbent et craquent sous le poids pas bien lourd du personnage, lequel, à la suite d'une chute de toit sans gravité et d'un alitement prolongé, aurait pris conscience d'avoir vécu sa vie sans la vivre, de regarder sans rien voir, d'être sans trop y être, et qu'il devait se réveiller une fois pour toutes, perdre volontairement la mémoire de son identité et de ce qui l'entoure afin de redécouvrir les origines de sa présence au monde. Il fonce vers l'avenir en pyjama, ne traverse la pièce que lentement car il cherche son équilibre, la direction à suivre, animé pour autant d'un fort désir d'aller chercher quelque chose quelque part, le plus loin possible.

Dans le salon d'abord. La porte de la chambre s'est entrebâillée après ou non pression de la main sur une poignée qui s'abaisse, elle ouvre sur une autre pièce dans un demi-jour aussi, qui ressemble à la chambre sauf qu'il n'y a pas de lit, que la superficie au sol a été triplée et qu'elle répond à la configuration générique d'un salon-salle à manger (modules communs à tous les salons : tapis, tables haute et basse, chaises autour de la table haute, meubles, lampes et lustre, fauteuils, canapé, décoration ; présence d'une bibliothèque bien remplie qui jouera dans cette histoire un rôle non négligeable).

À partir de maintenant et pendant un certain temps, monsieur Henri inspectera son appartement qui est en réalité une maison individuelle aux volets jusqu'alors fermés, pourvue d'un étage avec chambre au-dessus de la chambre, petite et grande salles d'eau près des chambres, mezzanine, lucarne d'un grenier sous les toits, ciel, espace et verdure apparents (campagne ou environnement s'en approchant).

Il se déplacera en observant ses gestes afin de comprendre ce qui se passe, pourquoi il bouge, où il va, les pieds servent à se stabiliser, les bras font office de perche, aident à garder l'équilibre, se tendent, permettent aux mains d'aller toucher ce qu'elles veulent, aux doigts de saisir n'importe quoi. Son pyjama à rayures verticales se compose d'un pantalon et d'une chemise échancrée, plus ou moins assortis selon qu'on aime l'alliance de lignes bleues et du vert, à moins qu'il ne s'agisse d'un ensemble dépareillé. La légèreté du tissu sur sa peau l'encourage à se sentir serein. Comme il n'a pas d'embonpoint il se déplace en souplesse pour son âge (soixante-quinze), ses pieds sont nus pour le moment. Il n'a ni froid ni faim.

Ses premières découvertes sont sensitives : le contact avec le sol est différent selon qu'il marche sur un tapis, du carrelage, de la moquette, parfois à moitié sur le tapis et le carrelage. Il y a des coins pointus à certains murs, des bords ronds à certaines tables, on palpe les angles aussi avec les doigts et la matière se fait rugueuse, lisse, collante, glissante. Une odeur de bois envahit la maison, l'humidité sera présente à quelques endroits.

Plusieurs façons existent d'arpenter un territoire selon qu'un meuble se contourne par la gauche et la façon de considérer ce meuble, d'aborder sa hauteur à taille d'homme ou de plus haut, plus bas, de considérer le hall d'entrée et le salon comme une seule et même pièce, d'explorer un détour comme si le détour était une fin en soi, de faire vivre un recoin en s'y installant pour l'après-midi. On peut s'asseoir dans l'escalier, s'allonger sur les marches et se dire que tout autour c'est une chambre. Les possibilités de se sentir chez soi n'en finissent plus. Un objet peut se faire déplacer, le déplacement modifie la représentation qu'on a de l'objet et du monde qui l'entoure.

Pour plus de confort monsieur Henri ne tarde pas à se munir de chaussons molletonnés, d'une robe de chambre confortable par-dessus son pyjama, et après un ou deux jours passés à ne rien faire, immobile dans le couloir à observer la découpe du relief sur un bas-relief justement, ou à marcher d'avant en arrière dans la perspective fuyante du couloir menant à la cuisine, il réalise qu'un instant suit toujours un autre instant et qu'inévitablement un événement arrive. C'est ainsi que l'ouverture des volets apporte dans la maison la couleur.

L'apparition de la couleur amplifie un éveil, hâte un développement. Lignes et courbes fondent sous la chaleur d'une teinte qui révèle autre chose encore que la forme. Monsieur Henri accueille cette lumière comme un choc qui dans un premier temps le dérègle, fait monter son désir trop haut un peu trop vite : il accélère son avancée dans la maison, inspecte les moindres détails.

Les couleurs changent suivant les moments de la journée et l'intensité du Soleil ; dans une même couleur parfois cohabitent plusieurs couleurs et avec la nuit tout redevient presque comme auparavant, quand les volets étaient fermés. Il s'apaise et s'assoit sur une chaise d'où il remarque l'ombre tournante du dossier sur le tapis, le Soleil qui fait briller les vernis, son ascension et son déclin progressifs, le renouvellement quotidien mais jamais tout à fait semblable de l'éclairage.

Le jour est plus clair que la nuit, d'ailleurs on s'éclaire aussi la nuit. La nuit se suit d'un matin, d'un midi, ensuite c'est l'après-midi puis le soir. Monsieur Henri prend ses marques. Hier existe, le lendemain arrive. Le temps passe, même quand tout semble figé, c'est comme la respiration d'une personne tranquille. Il ne passe pas de la même manière selon qu'on essaye de suivre son cours ou qu'on l'ignore. Entrer dans chaque étape, isoler une goutte de seconde qui s'écoule allonge l'instant et permet de s'ouvrir à une sorte d'éternité.

C'est difficile de dire si quelqu'un pense, mais monsieur Henri se sent chaque jour plus conscient de sa présence à quelque chose. Et comme les choses ont un nom, le voilà qui bientôt découvre les mots.

Il y a les mots qu'on prononce et qu'on lit, qu'on entend ou écrit, invente ou déforme. Il y a les mots pour communiquer, exprimer une pensée, une émotion et pour rêver. Il y a des mots qui nomment le monde et l'intérieur des gens. Il y a la phrase. Une phrase est composée de mots qui se composent de lettres. Une lettre c'est comme un dessin.

Monsieur Henri se met à dessiner avant d'écrire et de lire. Il regarde son stylo. Il le tient et s'en sert de son mieux : rond, point, rond dans rond, point sur rond, trait. Une lettre se distingue. Il va dessiner ce qu'il voit. Il dessinera ensuite ce qu'il ne voit pas afin de le préciser. Il découvre qu'il a des images personnelles dans sa tête, presque des points de vue : il est ce que personne d'autre n'est.

Quand il ouvre une première page il faut croire qu'il sait déjà lire car tout lui revient : place du verbe dans la phrase, verbe, ce que devrait être le sujet, sens d'un même mot, combinaison des fonctions, la phrase qui vient après la phrase étant la plus importante.

Les mots ne restent pas dans les livres, ils pénètrent le lecteur qui s'invite au milieu du monde. Certains mots ne s'éclairent pas mais il en suffit d'un pour qu'une image se crée et trace un chemin. Monsieur Henri s'engage sans difficulté : il reconnaît un adjectif, trouve une famille d'articles qui lui manquait, évite un inconnu, tombe dans un trou, se perd, fait machine arrière, débroussaille un tunnel, découvre une pépite (adverbe infundibuliformément long, achéiropoïètement imprononçable, oryctognostiquement rare), coûte que coûte cherche à poursuivre. Il rêve devant les illustrations de l'ouvrage qui en a, se crée celles de l'ouvrage qui n'en a pas ; même sans comprendre se laisse porter par le voyage.

L'exercice est doux, monsieur Henri retourne dans son lit. Il passe d'un livre à l'autre en s'attardant invariablement sur chacun, isole un paragraphe, décortique une graphie, saute un chapitre, fait défiler cinq cents pages sous son pouce, s'intéresse aux ouvrages lourds comme aux légers, aux courts comme aux plus gros. C'est agréable la matière qui recouvre un livre et diffère pour chacun : carton, papier, cuir plus ou moins épais. Tenir un gros volume quand on est allongé manque de confort, appuie sur les bras, tire sur les poignets.

La compagnie des livres, dont il ne cherche pas pour le moment à approfondir l'étude, se fichant par exemple de savoir un titre, un genre ou un auteur, lui rappelle qu'une vie a toujours existé à l'extérieur de la maison. C'est ainsi que monsieur Henri regarde de plus en plus souvent par la fenêtre.

Le salon-salle à manger dispose d'une double porte-fenêtre permettant sans ouvrir les battants de se faire une idée de dehors, d'abord tout de suite après (terrasse en marbre blanc), un peu plus loin ensuite (allée de gravier ceinturant la terrasse), enfin progressivement loin (herbe, arbres, haies, nuages).

La pièce dispose de deux autres doubles portes-fenêtres au nord mais pour une question d'ensoleillement monsieur Henri vient plus volontiers se poster au sud. La nouvelle perspective agrandit le salon, offre à monsieur Henri le luxe d'être à l'extérieur de sa maison tout en restant chez lui : en poste près des vitres qui n'ont que de fins voilages à soulever, on distingue les détails du premier au dernier plan : végétation entre les dalles, veinule, fissure, craquelure, feuille morte tournoyant sur la terrasse, tavelure, friche, clôture des arbres, est-ce que quelque chose vient encore derrière ?

Il compare ce que les mots des livres disent du monde en théorie et ce qu'il voit en vrai. Il ne voit pas tout ce dont les textes traitent : route, lac, montagne, rien de tout ça. Homme et femme non plus. Quelques animaux, oui. Un écureuil. Mais pas de dragon ni de dinosaure.

Actionner la poignée et tirer la porte-fenêtre à soi fait entrer de l'air, apporte odeurs et courants d'air, on ne va pas tarder à faire un premier pas dehors.

Monsieur Henri déjeune devant la fenêtre ouverte, c'est comme s'il sortait. Quand il sort vraiment ce qui l'étonne c'est l'absence de plafond au-dessus de sa tête. Il se demande ce que ça fait de ne pas avoir de sol non plus, d'être en haut d'une montagne sans montagne (un parachutiste en parlerait, c'est ce qu'on ressent après avoir quitté un avion en vol).

Tout est immense : il faudrait marcher longtemps avant d'être gêné par un meuble, les limites sont plus faciles à repousser que les murs, un couloir a l'air sans fin.

Se tenir sur la terrasse n'est pas aisé. Devant tant de grandeur monsieur Henri chancelle, il cherche un repère proche, doit s'habituer à l'idée que ce qui est loin l'est de moins en moins à mesure qu'on avance, et qu'il y a toujours quelque chose d'encore plus loin même en progressant.

Une chaise ayant servi pour découvrir l'intérieur d'une maison n'a pas besoin d'être en plastique pour être amphibie. Monsieur Henri ne revient plus de la terrasse sauf à la nuit ; il a enlevé sa robe de chambre, s'est habillé contre le froid d'un pull et d'une salopette en Tergal et reste assis. Une couverture puis un ciré le recouvrent.

Sur le jardin le Soleil monte, la pluie descend, le ciel change. Le spectateur découvre les intempéries. Il y a parfois comme un voile d'or qui recouvre la scène et l'observateur enregistre, reçoit l'information.

La lumière s'intensifiant, monsieur Henri qui n'est pas habitué se protège les yeux derrière des verres de lunettes teintés. Il voit le monde différemment selon la couleur du verre, jaune, bleu ou marron, c'est encore une nouvelle façon d'entrer dans la matière.

Toutes ces stimulations le rendent vivant chaque seconde davantage, une énergie le remplit qui le mettra en marche.

Un vent tiède court de travers, ou fort crache de face. Il arrive aussi que tout soit parfait, qu'il fasse tellement si peu chaud ou froid qu'aucun besoin corporel ne complique la perception. Mais la perfection, qui tient parfois à une lettre, est une affaire avec soi-même qu'on peut trouver dans le chaos. Rien n'est jamais immobile, même monsieur Henri : la pointe du pied à l'extrémité de la jambe croisée imprime un quart de cercle dans le vide, une mèche sur sa tête se soulève et de la même façon qu'on s'habitue à l'obscurité, dans le calme apparent ses yeux captent une turbulence : l'herbe près de lui bouge, la cime des arbres plus haut se balance dans le vent. On dirait que l'herbe se secoue plus vite mais c'est juste que la cime des arbres est moins près, peut-être aussi plus massive donc plus ample à se mouvoir. Même quand le jardin dort, un souffle d'air fait frémir une tige, un cheveu, une pointe végétale aussi fine qu'un cheveu. Le pied de monsieur Henri remue dans un sens ou dans l'autre après qu'une branche a cessé de s'agiter, jamais pendant.

Une branche qui oscille ça se remarque tout de suite. Si la branche reste tranquille le pied de monsieur Henri ne tourne pas. La mèche suit à peu près la cadence de l'herbe dont on peut penser qu'elle frétille en synchronisation avec la collectivité alors que non, en s'approchant et même en se couchant sur le gravier devant la pelouse, on voit que chaque brin s'active à sa façon. Autour et sur les brins, de minuscules bêtes par centaines, invisibles depuis la chaise, rampent, grimpent, volettent, disparaissent ou sortent de terre. Il y a aussi des fils d'argent tissés entre les herbes où s'accrochent des gouttes d'eau qui ressemblent à des perles. Les bêtes sont plus ou moins petites selon l'espèce, et d'aspect particulier. D'autres bêtes plus grandes se remarquent ailleurs que dans l'herbe, on les voit se poser dans les arbres ou traverser le ciel.

La nuit est calme, pourtant la vie grouille. Monsieur Henri à son tour plonge dans l'obscurité en s'étonnant de ne plus rien distinguer ; combien de minutes encore faudra-t-il attendre pour que revienne la netteté ? Quand on voit moins bien on entend mieux : est-ce que le vent fait partie du silence ? Ce sera possible de reconnaître un arbre (le chêne casse, le peuplier tremble, le pin siffle) au bruit qu'il fait dans le vent.

Finissant par s'endormir, il regagne son lit et retrouve sa chaise au matin. Il note que le Soleil se lève par étapes, tout comme la nuit. Que parfois il n'y a pas de Soleil et qu'il fait jour quand même. Le noir de la nuit est moins noir que celui d'une salle de bains éteinte : on parvient toujours à reconnaître une silhouette.

Par temps sec sa chaise est trempée dès le réveil, puis au coucher. Les odeurs dépendent du temps qu'il fait. Quand le jardin se recouvre d'une masse blanche, monsieur Henri s'étonne. La nature change en permanence. Il faudrait vivre dehors et ne jamais dormir afin de pouvoir découvrir. Des millions de choses se passent à des millions d'endroits : comment tout savoir ?

Sans sa chaise monsieur Henri retourne au lit ou dans le canapé du salon. Il regarde le plafond en pensant à la pluie qui frappe au carreau, à la neige moins expansive, au silence plus ou moins profond de la vie, au vent qui d'une certaine façon est la manifestation de l'invisible, aux arbres. Il essaye de se mettre à leur place, c'est-à-dire sans jamais se déplacer, avec des racines qui s'étirent dans le sol – voilà peut-être comment voyagent les arbres : par l'exploration souterraine des racines. Et ce voyage peut durer mille ans.

Au moins une fois par jour il s'aventure hors de la terrasse par-delà l'herbe molle et moins bruyante sous le talon que le gravier. Il a quitté ses chaussons pour des sabots de jardin en caoutchouc renforcé plus pratiques à enfiler que des bottes, plus étanches qu'une autre paire et marche jusqu'au milieu du jardin, s'arrête, tourne sur lui-même, le panorama défile, sa maison apparaît, sa terrasse devant la maison, sa chaise sur la terrasse sans personne sur la chaise, non plus sur la terrasse à l'entrée du jardin, sans personne nulle part et surtout pas lui puisqu'il est au milieu du jardin et ne le conteste pas. Le lendemain pousse l'aventure jusqu'aux troncs, les buissons qui font office de clôture, la haie.

Il rapporte de ses courses un prélèvement à ranger, à classer, à dessiner, à observer à la loupe, éclat de bois, coquille vide, fruit, plume, cosse, bogue, mousse, lichen, pierre, terre, écorce, brindille, fleur, feuille, insecte mort, invertébré, un nid d'oiseau, un œuf d'oiseau, champignon entier ou désagrégé, objet non répertorié. Il entrepose sa collecte au sec, là où il peut, or bientôt la maison sera plus chargée que le jardin. Heureusement que l'hiver limite les découvertes.

L'arrivée du printemps ne laisse aucun répit. Dire qu'il vient d'un seul coup serait exagéré, c'est même plutôt long à s'installer (il y a des heures où on se demande s'il viendra) mais à partir d'un moment ça n'en finit pas d'être de plus en plus là. Monsieur Henri se penche sur une fourmi, rencontre un lombric, surprend un scarabée en grande difficulté sur le dos. Il suit le vol d'un papillon, garde la distance avec l'oiseau, s'initie à l'écoute du chant, de la mélodie, de la musique sans instrument. Bientôt les branches disparaissent à cause des feuilles qui se déroulent à vue d'œil ; le ciel qu'on voyait à travers les arbres est vert tendre.

Tout cela se passe à plusieurs endroits en même temps et chaque événement s'accompagne d'un événement plus petit contenu dans ce même événement (l'atterrissage précipité d'une mouche sur un bourgeon en train d'éclore, l'activité de la mouche, son contact avec le bourgeon et la présence d'un puceron qui a peut-être attiré la mouche, les poils du cotylédon auxquels la mouche accroche ses pattes, comment le bourgeon réagit, les étapes de son ouverture à lui, très lente et impossible à suivre quand on se poste devant mais flagrante le lendemain, couleur plus marquée, texture plus forte, la mouche sera morte avant qu'il s'épanouisse et que tout décline).

Face à l'avalanche d'informations monsieur Henri commence à faire des fiches. Il y note l'intitulé de ce qu'il voit, ne voit pas, sent, ressent à l'endroit où il se trouve. Espère ainsi rattraper et rassembler ce que le vent et le temps emportent et dispersent.

Des embranchements sont rendus nécessaires par la conscience d'une concomitance ; astérisques, flèches et parallèles ne suffisent plus à rendre compte de la totalité. La place vient à manquer, de même que la connaissance théorique de ce qu'il écrit ; faire des fiches nécessite d'en savoir plus sur la langue qu'il utilise. Aussi, de la même manière que le désir de lire avait hâté sa sortie, l'exploration du jardin, en le rendant plus éveillé, plus poreux encore à la vie et à lui-même, à son propre corps, sa propre façon de s'appréhender dans un espace en mouvement, aiguise son désir de revenir à la lecture pour reprendre ses connaissances.

L'étude du terrain le ramène sous la lampe du salon pour réfléchir à ses découvertes, approfondir les thèmes, reproduire l'image et le volume de ce qu'il a dans les mains, comparer avec ce qui existe déjà, chercher dans les livres ce qu'il ne trouve pas au jardin.

Un nom de plante vaut bien la plante : angélique des trappistes, monique des tropiques (avec moustique des tropismes), véronique des collines, ravenelle, esparcette en fleur. Pareil pour les champignons : coucoumelle, coulemelle, craterelle, trompette-de-la-mort.

Il y a des oiseaux qu'on n'a pas besoin de voir pour être transporté : grébifoulque d'Afrique, grand indicateur, chevalier combattant, syrrhapte paradoxal, nestor kéa, colombine turvert, eulophe koklass, tadorne de Belon.

Une récolte consiste aussi à recopier des mots : monsieur Henri arrête son regard sur une page, se penche, cueille une lettre, un bouquet de lettres ou tout le mot, parfois juste la première en majuscule qu'il reproduit à l'encre sur une feuille. Extraire le mot pour l'isoler donne l'impression de le posséder et d'avoir sous les yeux ce qu'il représente sans aller le chercher en vrai. On peut même se l'imaginer autrement.

Quand plusieurs mots sont alignés sur la feuille, le résultat ressemble à un herbier sans herbe et monsieur Henri ne tarde pas à ne plus trop sortir, à espacer ses sorties, ou plutôt à ne pas faire que sortir, car la lecture n'a jamais rien remplacé.

C'est ainsi qu'avant le retour de l'automne, sans avoir rien raté en pratique du glissement des saisons, mouillant sa chemise aux récréations qui sont un bon moyen de s'aérer et d'observer au plus près la spécificité d'un cycle, opération technique, fondu enchaîné du printemps à l'été, il y a des jours qui ne ressemblent à aucune saison, où vont les feuilles pendant l'hiver, est-ce que la pluie disparaît jamais, une canicule ne sèche pas toutes les boues, heureusement que les bottes contrairement aux sabots de jardin montent sur le mollet, mon ombre tourne avec le Soleil, je change de prise au vent comme de position, monsieur Henri a parcouru une bonne partie des ouvrages qui composent sa bibliothèque et dont certains traitent de sujets moins sensibles (la faim dans le monde) que variés (maladies de l'intestin grêle, cuisine anglaise, preuves concrètes de l'existence de Dieu, encyclopédie universelle des chiens, histoire de la marine en douze volumes).

S'étonnant chaque jour de la présence d'une bibliothèque si vaste sous son toit, il se laisse guider par le plaisir de tout savoir sur tout, depuis *Les Annales de l'ordre* rédigées par dom Mabillon dans une édition de mille sept cent trente-neuf jusqu'au *Livre de la femme forte et vertueuse* de François Le Roy de Fontevraud. Même sans comprendre il a l'impression d'apprendre.

La diversité des volumes conforte cette illusion : retable du Christ, bréviaire de messe en dix leçons, la classification des nuages de Luke Howard, encyclopédie pratique du naturaliste, mythologie de la méduse, réalité des soucoupes volantes.

En piochant un peu partout ça peut suffire à faire beaucoup.

Au fil des textes il apprend à mieux se connaître grâce au recensement de ce qui lui plaît (grottes, tornades, éléphants, la forme ronde, une montgolfière, le gaz & la poussière, ce qui se dresse vers le ciel (un phare), s'enfonce dans la terre (un phare à l'envers), le jaune des ajoncs, le rose du compagnon sauvage, un château, la brume, un château dans la brume, le mystère sous toutes ses formes), pareil croit-il pour le vocabulaire atypique (rythme cycladien, cheminée hydrothermale, dinoflagellé, téléostéen) – c'est alors qu'il fait rouler les mots sous ses yeux comme on ferait avec une pierre précieuse, l'effet se double d'une charge tellurique quand il s'agit d'une pierre justement (euclase et pyrite, orthoclase et sidérite, vésuvianite, zoïsite) ; heureusement alors pour sa santé (aurait-il explosé sous l'effet des beautés combinées ?) que manquent à l'appel les ouvrages sur le sujet de Roger Caillois.

Par contre classer les titres par ordre de taille ne mène nulle part (court : *L'Acacia* ; long : *Le Jardinier pratique ou Guide des amateurs dans la culture des plantes utiles et agréables contenant les jardins fruitiers, potagers et d'agrément, augmenté de la composition des jardins et de la culture des plantes de serre – ouvrage comprenant des figures*).

Il bute sur *La Cité mystique* de Marie d'Agréda, ne comprendra jamais la différence entre l'astronomie, l'astrométrie-astrophysique-radioastronomie-cosmogonie et la cosmologie-astronautique.

Il fait l'impasse sur une large part de la science du plastique (*Guide général des plastiques,* Genève, 1963), peut-être aussi sur *Le Précis de métallurgie* d'Hector Pécheux et *Le Traité d'électro-chimie* d'Adolphe Minet.

L'étude des volcans l'amène à celle des sciences de la terre et à l'histoire naturelle. Il se passionne pour la formation du sol, l'érosion de la pierre, la proximité des planètes, l'apparition des reliefs, la répartition des dinosaures, l'ondulation et la formation des vagues, l'incarnation du vague, comment les hommes ont évolué à travers les âges, c'est quoi une étoile.

Il apprend que la poule mue, se passionne pour l'hippocampe et les poissons en couleurs, le baguage des bécassines et des passereaux paludicoles, l'analyse génétique des grenouilles vertes, un nuage noctulescent, une lumière zodiacale, un crépuscule astronomique, une nuée magellanique.

L'encornet-lumière (ou calmar furtif) ne passe pas inaperçu dans un aquarium. Le siphonophore émet de la lumière. Luciférine et luciférase sont indispensables pour obtenir la bioluminescence. Le cténaire s'éclipse. Le diplopode est un mille-pattes qui contient du cyanure.

Il se concentre sur Pline l'Ancien, lit la géographie de Ptolémée, s'ouvre à Caton, Aristote, Lucrèce. Il remarque que personne ne dit la même chose et qu'un auteur s'oppose systématiquement à ses prédécesseurs. Il se demande si le temps est le même pour tous et imagine ce que représentent trois milliards d'années sur un calendrier.

Il se concentre sur l'infini, ressent l'effet d'un temps qui n'en finit pas et connaît trois vertiges : les deux premiers concernent le fait d'être loin de sa propre naissance et de ne pas savoir l'heure de sa mort, le troisième caresse plus généralement la sensation d'être vivant parmi les vivants, après et avant d'autres vivants.

Apprenant qu'un volcan peut être sous-marin, assoupi, que la mer recouvre trois quarts de la planète (celle-ci n'a pas toujours été ronde) et que le contour des terres a été représenté par l'homme, il se sent dépassé.

La théorie montre ses limites. Peut-être alors faut-il penser à la pratique. Depuis trop longtemps déjà monsieur Henri vit sans s'éloigner de chez lui.

II

La pratique ça signifie sortir de chez soi, traverser son jardin, ouvrir le portail et comprendre le monde par soi-même. Dans l'hypothèse qu'il soit vaste (le monde) ça signifie aussi être prêt à ne pas retrouver son chemin tout de suite, sa maison, passer sa journée dehors, sa nuit – se perdre ; et pour peu que l'inconnu débouche sur l'inconnu, ce qui est à envisager, laisser passer un jour puis deux sans revenir. Bientôt ne plus chercher à revenir. Ne faire que partir.

Monsieur Henri se contente pour l'instant de marcher en rond plus longtemps que d'habitude dans son jardin qu'il commence à bien connaître, mais marcher n'empêche pas de penser à autre chose que ce qu'on a devant soi, au-dessus, sur les côtés ou à ses pieds – et donc de s'élever deux fois. Il varie le sens de ses rotations, parfois coupe par le milieu et jamais tout à fait au même endroit, s'est rendu compte aussi qu'en changeant de chaussures il changeait de voyage (chaque paire de chaussures offre un confort et donc un rapport au sol et à l'environnement différent).

Ayant plusieurs chaussures, en cuir, toile, coton, matière synthétique, à lacets, scratches, basses, montantes, semelles plates ou absorbantes, il s'habitue à l'éventualité de plusieurs voyages. Il y a le voyage court, intense, sous la pluie, dans le vent et le froid ; le moyen qui se rapproche de la promenade ; le long qui nécessite d'emporter un sandwich et de l'eau (pause déjeuner devant les fenêtres de la cuisine).

Monsieur Henri s'absente de plus en plus souvent du bureau, en vérité de son salon-salle à manger qu'il a transformé en bureau avec la grande table au milieu, les plans, croquis sur la table ou accrochés aux murs, les spécimens amassés de plusieurs espèces et catégories biologiques, les livres empilés ; cet arrangement se retrouve ailleurs, dans d'autres pièces de la maison, la cuisine, la salle de bains et sa chambre à coucher – laquelle deviendra son nouveau bureau bientôt –, si bien qu'il n'aura plus nulle part où manger, où s'asseoir, où dormir et devra donc partir.

On dirait qu'il prépare une excursion, le soin qu'il apporte au moindre détail laisse même imaginer une promenade assez conséquente, une expédition de petite envergure, or ça va vouloir prendre la direction d'un voyage d'exploration scientifique.

Il déplie des cartes qu'il n'a pas, cartographie des lieux qui n'existent pas, évoque un continent caché sous ses yeux, pas trop loin pour commencer, on contourne la maison et c'est juste là, devant soi, dans l'autre partie du jardin, à l'arrière de la maison, une cité engloutie, un peuple de l'air, village dans les nuages, cultures et langues à déchiffrer avec toute une série de dessins naturalistes à perfectionner, anatomie, comportement social, coiffe, lance, mode vestimentaire, oh le joli collier, ce serait intéressant d'apprendre que plus la boucle d'oreille est ovale moins la personne occupe de place dans la société ; et sûrement une tradition orale à l'origine de l'humanité, quelle humanité ah la question est soulevée, aussi comment en sommes-nous arrivés à l'écriture, combien de langues gravitent sur Terre (qu'est-ce qu'on entend par Terre ? Sommes-nous les seuls dans l'univers ? Y a-t-il un point commun entre les façons de s'exprimer (sourire, rire, langage des yeux, geste trahissant un désir, une peur, une gêne ou un contentement mis à part) ?).

Bref un voyage à portée de main qui donne les réponses aux questions qu'on ne se pose pas et laisse en suspens les questions qu'on se pose pour nous pousser à aller encore plus loin.

Il porte une cape, fait voler sa cape, est-ce que quelqu'un sait à quoi sert une cape, ne porte pas de cape, plutôt une canne en acajou munie d'un pommeau en ivoire et un long manteau qui ressemble à une redingote avec des souliers vernis et à talons, se sent important, lève le poing pour défier le monde et s'en va de ce pas faire le tour de sa propriété.

Autant le jardin côté sud remplit le contrat classique d'un décor pavillonnaire ordonné (rectangle de pelouse facile à tondre planté en sa médiane d'un arbre à fruits généralement cerisier ou pommier, borné sur une longueur par une haie de thuyas ou de lauriers tendre à tailler, quelque part un hortensia ou la suspension d'un géranium qui ne se balance pas), autant le nord laisse place à un parc qui en comparaison paraît vaste, sauvage, alors que pas trop : jardin (grand, certes) bordé d'un petit bois et d'un étang.

Le bois a la particularité de donner l'impression d'être mal ou pas entretenu : grâce à un sol riche, bien drainé et une bonne orientation, les arbres sont immenses, leur tronc couvert de lierre et le houppier large et feuillu ; par endroits le lieu ressemble à une jungle, on y trouve même un dragonnier de La Orotava qu'une nuit monsieur Henri prendra pour un monstre géant.

C'est d'abord la cime et la variété des grands arbres qu'on remarque, difficilement identifiables au premier regard mais croyez-moi : peuplier, chêne, châtaignier, bouleau, pin, sapin, de l'érable, des arbres contre rochers qui dépassent de la canopée, chemin entre les rochers, source, ruisseau, cèdres, un séquoia du Canada, charmes, aulnes, hêtres et tilleuls, un ginkgo biloba. Ensuite l'inextricable densité de la forêt même en hiver, sombre, à moins qu'il ne s'agisse d'un bois comme on a dit ou d'un sous-bois assez clairsemé, ça dépend des endroits, tout de même il y a de quoi se perdre dans tout ce végétal.

Chaque espèce pourrait voir son nom adjoint d'une précision qui la différencierait de sa voisine, par exemple rouge, rouvre, vert, liège, kermès, chevelu, sessile, pédonculé et pubescent pour le chêne, tremble et de Virginie pour le peuplier, glutineux ou verruqueux pour l'aulne et le bouleau, de même que tous les arbres pourraient être relevés, numérotés, catalogués afin que cet espace devienne un ensemble d'êtres à part entière, identifiables, mais nous laisserons à monsieur Henri le soin de s'adonner à ce travail s'il le souhaite, lui qui pour l'instant ne perçoit qu'un amas obombrant et imprécis de ce que nous reconnaissons comme étant de la végétation mais qui se dresse devant lui de façon fantastique telle une haute vague, immobile, prête à l'avaler et qu'il ne sait par où prendre, comment nommer, contourner ou traverser.

Il marche dans une clairière avec au nord-est un étang piqueté de roseaux et de joncs et emprunte un étroit chemin qui l'accueille dans la forêt. En plus des arbres existants dont il éprouve avec surprise et saisissement contact, forme, couleur, hauteur, toucher, odeur, feuilles, il s'invente à partir de son environnement des paysages et des scènes vus ou lus dans des livres et qui ne sont pas de circonstances : mangrove, palétuvier, palétuvier dans la mangrove, palmier Mauritia, fougère arborescente, un fromager, un figuier à racines-palettes, bosquet de bambous avec panda, racines aériennes, lianes, souches, branches en travers, amoncellement de mousse, épines à éviter, venin omniprésent. Chaque plante ressemble à une plante d'un autre continent et donne naissance à une scène imaginaire.

Par contre il reconnaît un alisier torminal pour ce qu'il est et considère les dimensions d'un pneumatophore de cyprès chauve en connaissance de cause. Le robinier faux acacia est inscrit sans faute d'orthographe sur sa fiche mais ne correspond pas à l'identifié, pareil pour l'amélanchier et le sorbier des oiseleurs.

Il se prend pour un aventurier en brandissant une machette qui coupera des branches gênant son avancée ; écarte des feuillages, enjambe un tronc, passe dans un trou d'évacuation des eaux.

La fièvre du danger (insectes, jaguars, morsures de serpent, griffures, crocodiles, sève mortelle) rend monsieur Henri nerveux, attentif au moindre détail, à la plus petite information provenant de la matière en vibration, du magnétisme ambiant.

Il s'est muni de bottes en caoutchouc à défaut d'une paire de chaussures en Gore-Tex, s'est couvert de la tête aux pieds afin de se protéger des attaques (manches longues, pantalon, moustiquaire de visage).

Avant de s'enfoncer dans le bois, il a balayé du regard le marbre blanc de la terrasse et chassé avec le flanc de son pied droit le gravier qui n'a rien à faire là car sa place est dans l'allée de gravier blanc. S'en sont suivies la vérification du taux d'hygrométrie des jardinières de géraniums en équilibre stable sur le rebord de la fenêtre côté cuisine et l'inspection des murs extérieurs de la maison, regarder si l'avancée des coulées de pluie sur le crépi blanc cassé n'accélère pas le processus de décrépitude du crépi. De là il a jeté un œil vers le toit, l'ajustement des tuiles creuses renversées et des tuiles creuses en couvre-joint, l'inclinaison de l'antenne, sait-on jamais, avec le vent. Parfait. On continue. Comme l'arrosoir n'est pas à sa place, il replace l'arrosoir à la place de l'arrosoir sous le robinet qui soutient les circonvolutions du tuyau d'arrosage à droite de la terrasse près de l'abri aux outils de jardin, puis il tousse, il tousse souvent, une ou deux fois, c'est selon (le temps, l'humeur). Enfin contourne la maison et avance dans le parc.

Monsieur Henri se concentre sur la régularité de ses pas, moyens, non précipités, qui ne trahissent aucun affolement, et celle de sa respiration qu'il s'efforce de maintenir profonde et lente. Il se concentre aussi sur l'effort à fournir qui n'est pas hors de portée (terrain plat, marche normale, pas de charge sur le dos) mais se mouvoir reste un exercice physique.

Comme dans la partie sud du jardin, il développe sa motivation à mettre un pied devant l'autre même s'il n'avançait pas franchement, reculait, donnait l'impression de reculer alors qu'il revenait sur ses traces et augmentait indéniablement sa résistance, ce qui lui est utile à présent. Il marche plus longtemps. Sans tourner en rond. En marchant prend de la santé. Plus il marche plus il veut marcher et découvrir ce qui l'entoure. Il souhaitera courir, sauter, voler. L'air n'est pas palpable mais en prenant exemple sur les oiseaux on doit pouvoir se soulever.

On peut redire que l'exploration est tranquille mais pour monsieur Henri c'est une vraie nouveauté, une vraie joie de découvrir tant de plantes à la fois.

Sa main gauche enveloppe le pommeau en ivoire de sa canne dont il agite le bout pour chasser les animaux prédateurs et évaluer la dureté des troncs. Normalement il ne s'aide pas de canne pour marcher mais là c'est pour faire style. Quand il la lâche c'est contre un arbre qu'il la pose avant d'entourer le tronc de ses bras pour sentir l'énergie qui sourd de l'écorce battre sous son corps. Il dit que ces monuments-là sont vivants, qu'ils lui parlent et l'entendent, lui-même se sent comme un arbre, attiré vers le haut, ancré dans le sol.

Il a l'air d'aimer les arbres, leur différence, leur multitude, leur présence silencieuse mais pleine. Dans ce bois, ce qui lui plaît est d'être recouvert, protégé par des espèces centenaires détentrices d'histoires secrètes, ne révélant rien mais n'en pensant pas moins. Ils remuent leur tête pour exister, communiquer, craquent, tendent leurs extrémités en signe de bienvenue. Sans transition : il le savait : la température devient moins basse sous un pull et une veste en plume d'oie – à plus forte raison quand on s'active ; l'averse ne transperce pas un imperméable et le vent dans une capuche semble nul. Sans transition non plus : monsieur Henri mesure la distance d'un arbre à un autre en comptant le nombre de ses pas, il fait toujours des pas moyens. Rien ne sert de s'intéresser à cette distance mais la tâche l'aide à progresser plus assurément, à poser des repères, combler le vide entre chaque arbre, s'éloigner de la maison sans vraiment s'en éloigner, comme si compter déroulait un fil d'Ariane. Il note le résultat sur sa fiche qui est la deuxième depuis qu'il s'intéresse au parc, bientôt les fiches seront trop nombreuses et nécessiteront d'être réunies en un même bloc, il en viendra alors au carnet plus rigide dont les feuilles restent solidaires et ne s'en séparera plus.

Il se remet à avancer avec circonspection. Parfois aussi il devine la circonférence d'un tronc sans sortir son mètre, la taille de l'arbre au total, invente un nouvel étalonnage avec un instrument qu'il ne possède pas, qui n'existe pas, et s'étonne de la richesse des exposés, laissant à penser qu'un paysagiste est intervenu ou que nous nous trouvons dans plusieurs pays à la fois : ceux de l'Afrique, de l'Asie, de l'Amérique.

Au bout d'un certain temps on ne peut s'empêcher d'oublier l'arbre qu'on vient de quitter et de le confondre avec un autre, ou de sauter un arbre. Bref, on est un peu perdu et on se rend compte que rien ne sert de chercher à compter ni à reconnaître tous les arbres, l'entreprise est sans fin, on s'est suffisamment enfoncé parmi les tiges hautes qui s'accrochent aux vêtements.

Reste à localiser, recenser, quantifier les traces de pattes et de queues sur le sol, un bupreste sur la feuille d'un micocoulier, la course d'un faisan versicolore, une bambusicole de Chine, un bruant à longue queue, un oiseau qui ressemble à un républicain social, et noter les autres formes de vie visibles comme la fougère et une pousse moins connue mais pas trop petite car si l'on s'attache au lichen par exemple, à la mousse, aux hépatiques ou à l'ensemble des champignons présents sur les bûches on risque de perdre de vue l'ensemble et de se perdre pour de bon. Non, c'est mieux et plus prudent de remarquer les spécificités du terrain telles que la déclivité, les fossés ou autres trous, bosses qu'on rencontre parfois sous les feuilles, ciel qu'on aperçoit à travers les branches. Et de garder le cap afin de revenir. La nuit tombe rapidement.

Le lendemain monsieur Henri tente de passer ailleurs tout en cherchant à retrouver les lieux de la veille pour établir une sorte de carte mentale et au bout de trois jours il finit par faire le tour, connaissant à peu près tout du jardin côté nord.

La deuxième partie de la semaine est consacrée à l'exploration de l'étang devant lequel on est obligé de passer pour se rendre au bois en longeant une clairière. Visite vite vue mais monsieur Henri prolongera les relevés : tour du site s'effectuant en quelques secondes, étang pas plus profond d'une coudée se composant en son milieu d'une île ronde non exactement ronde et qui ne se situe pas tout à fait au milieu comme monsieur Henri en barque le remarquera, et dont le diamètre permet à peine à une ou deux personnes de se tenir allongées côte à côte. Des nénuphars sans fleurs flottent à la surface de l'eau qui dissimule le fond, avec de la chance et par beau temps on aperçoit des libellules s'y poser.

Ce qui interpelle monsieur Henri : de l'herbe pousse sur l'île. Comment la couper ? Utiliser une perche munie d'un système de corde et de poulie qui offre la possibilité d'actionner à distance la mâchoire d'un sécateur fixé à son extrémité ? User d'une faux à manche télescopique ? À moins, se dira-t-il plus tard, de mettre une tondeuse dans une barque, d'accoster ou d'y faire débarquer une chèvre, une poule ou un âne.

Comme une barque en plastique justement repose retournée à quelques centimètres du bord, monsieur Henri qui ne comprend d'abord pas l'utilité d'un tel objet ni son rapport avec l'étang et peut-être avec l'île, retourne la coque assez légère, curieux de voir ce qui se cache dessous, et le mouvement amène l'embarcation à quitter le bord pour rejoindre l'eau. Amusé par cette expérience physique d'un corps plongé dans l'eau qui flotte malgré son poids et sa taille, monsieur Henri monte dans la barque et s'étonne de flotter à son tour. Tout le monde flotte, la barque, lui, lui et la barque.

Avec une rame il navigue autour de l'île mais commence à se sentir mal car la barque n'est pas stable, des nausées le prennent, il ne sait pas nager et craint de tomber dans l'eau. En se forçant à garder son calme il poursuit sa balade et ferme la boucle en moins de deux minutes. Histoire de ne pas rester sur un demi-échec et profiter d'être dans la barque pour ne pas en sortir, il se lance dans la cartographie de l'étang avec son carnet et un crayon, centimètre par centimètre, millimètre par millimètre.

La cartographie est un mystère pour lui, qui n'envisage pas qu'on parvienne à cartographier de grandes étendues inconnues, alors il mesure et il dessine par petits bouts, surtout il dessine, sans se poser de questions. Sur la feuille les ronds de l'île et de l'étang ne sont jamais parfaits, jamais bien positionnés. Il faut sans cesse recommencer. C'est long, fastidieux, à la tombée de la nuit rien n'est accompli. Il recommencera le lendemain matin mais la pluie l'arrêtera à midi.

En quittant la barque il remarque une arrivée d'eau sous la terre qui s'écoule dans l'étang. L'étang est alimenté par une source à remonter, ce qu'il entreprend aussitôt après avoir rejoint le bord pour découvrir qu'un ru serpente longuement à travers le bois, se perd jusqu'à un mur qui ceint le parc et stoppe net l'excitation de se trouver en train de fouiller sans connaître la suite, bref d'explorer, puisque le mur empêche d'aller plus avant. Pour continuer à marcher et connaître par où le cours du ru se dérobe à la vue il faudrait franchir ce mur malheureusement infranchissable sans échelle ni escabeau, à moins de creuser un tunnel, ce qui n'est pas d'actualité.

De l'autre côté du mur s'étend un parc à peu près similaire à celui de monsieur Henri, moins arboré et mieux entretenu, qui appartient au voisin. Monsieur Henri n'y est pas sensible mais en tendant l'oreille on devine la présence extraordinaire d'une machine au bruit reconnaissable et généralement associé à une activité humaine, c'est-à-dire celle d'un être semblable à soi-même, un congénère avec des bras et des jambes, qui parle et entend pour de vrai comme monsieur Henri, un frère qui n'a toutefois pas la même mère ni la même apparence puisqu'il est un autre.

La machine est un tracteur de pelouse ou tondeuse autoportée John Deere à carrosserie verte brillante, démarrage électrique et châssis en acier mécanosoudé qui avance vitesse tortue grâce au conducteur placidement assis derrière le volant et qui n'a rien d'autre à faire que de l'empoigner et parfois de le tourner (pour un résultat esthétique, garder le plus possible les roues droites). Ce genre d'engin est très agréable à manœuvrer, des hectares peuvent être rasés sans effort en laissant s'évader la pensée.

La tête qu'on imagine satisfaite de ce conducteur est visible de profil depuis la branche d'un arbre du parc de monsieur Henri, la tête seulement (il faut monter plus haut pour englober l'ensemble) et, comme le tracteur suit la perspective d'une structure cubique de buis elle-même parallèle à l'enceinte et qu'il n'est pas très loin du mur, on a l'impression que la tête et la tête seule glisse d'un sens à l'autre sur le bord du mur, comme un ballon sur une ligne d'horizon ou sur un fil.

Monsieur Henri, au pied du mur, n'ayant pas associé le bruit du moteur à la présence d'un tiers, s'est résolu à rebrousser chemin sans grimper à un arbre. La hauteur le terrifie, il tremble parfois dans son escalier. S'il avait découvert le voisin, son expédition aurait trouvé une signification : qui dit voisin dit famille, peut-être chien, animaux, organisation sociale, maison, autre maison, autres voisins, population. De quoi parler, échanger, apprendre. C'est magnifique.

Ne sachant pas ce qu'il vient de rater, il n'est pas déçu, juste frustré par l'impasse du mur qu'il voudrait dépasser.

Quand il revient, un changement de tension électrique dans l'air a fait se lever un brouillard – monsieur Henri associe l'apparition du brouillard à une cause physique bien précise qu'il a lue quelque part, car tout dans la nature doit être expliqué. Mais il ne saurait préciser la cause physique en question, l'aspect extraordinaire de la manifestation suffisant à solliciter tous ses sens.

Sans boussole ni Soleil il est perdu, couche à la belle étoile sur un lit de feuillage et décide de construire une cabane de branches. Il attrape froid, a mangé de l'herbe, rentre au matin, se fait couler un bain.

Les jours qui suivent sont passés à s'entraîner au chaud pour repartir dans le froid se confronter à la limite du territoire : qu'y a-t-il derrière le mur ? À force de se poser la question il ne tient plus en place, ressent une impatience grandissante à l'idée d'arpenter un nouveau monde encore plus divertissant peut-être.

En dépit de sa peur du vide, il monte et descend l'escalier de sa maison qui relie le salon à la chambre, passe de la chambre au salon, du salon à la chambre à reculons en s'appuyant au mur, rampe sur le palier, roule sur le côté, saute trois marches, reste éveillé puis quand il voit que ça va mieux, qu'il s'est dépensé comme il voulait et juste pour voir ce que ça fait d'avoir très froid, fait une sieste dans le congélateur du garage. Attrape à nouveau froid.

Il est de plus en plus fatigué mais rien ne l'arrête. Retourne dehors, maintenant connaît le parc dans ses moindres détails, ses sentiers, ses chemins et ses absences de chemins, ses ravines, la composition du sol et comment s'orienter. Il continue à s'entraîner pour se fortifier et s'aventurer au-delà de son domaine – il se doute qu'un espace au moins grand comme son jardin jouxte le sien, ose la supposition que le monde est une série de jardins juxtaposés plus ou moins verts, plus ou moins habités et diversifiés – : je m'allonge dans ma baignoire remplie d'eau sale, je me trempe les épaules dans l'étang, s'il y avait un abreuvoir à vaches j'y passerais mes nuits, je reste debout sans bouger jusqu'à écroulement, je dévale mon escalier en varappe, je dors par tranches de quatre heures, je ne dors pas, je m'évanouis et je me réveille, je tombe malade et je me soigne, je retombe malade et cette fois-ci je ne guéris pas.

Monsieur Henri sombre dans un coma dont il se réveille par intermittence pour parler, parfois parle sans se réveiller.

Dans son délire il évoque une terre inconnue à l'autre bout du monde, un lointain continent dans la mer : pôle Sud, pôle Nord, Atlantide, Australie, le passage du Nord-Ouest.

Il mélange les points cardinaux, s'embrouille dans l'histoire de la géographie, se perd parmi ce qui a déjà été découvert et ce qui reste à découvrir, est prêt à découvrir ce qui a été découvert, c'est-à-dire presque tout hors le fond des océans, certains insectes, plantes et micro-organismes, pour le redécouvrir.

Son périple vers les régions les plus reculées du globe pourrait expliquer la façon dont le monde fonctionne – vérifier au passage qu'il s'agit bien d'un globe et que le Soleil au centre tient toujours ; décrocher la Lune au sens propre.

Parce que les mots lui plaisent, il qualifie son voyage d'équinoxial, d'austral, de septentrional et de méridional.

L'emportement lui fait envisager toutes les destinations sans en choisir une.

Du matériel de mesure métrique serait transporté, chronométrique, gravimétrique, bathymétrique, astronomique. Beaucoup de vivres aussi. Il faudrait évaluer le coût de l'expédition.

On essayerait de comprendre l'ensemble de ce qu'il y a à comprendre : minéral, végétal, animal, humain ; de dessiner ce qui peut être dessiné et de décrire au mieux les alentours. En résumé : d'approcher une définition globale de la vie, de donner un sens à l'existence. Ce serait une étude multiple, exhaustive, sans retour, sans fin, au cours de laquelle on atteindrait la Lune, on descendrait dans les profondeurs de la Terre, on caresserait le Soleil, on toucherait les étoiles – les étoiles sont autant de Soleils lointains.

Le docteur assis à ses côtés l'invite à se calmer même si monsieur Henri dans sa fièvre n'entend personne. Il administre des calmants, préconise du repos et des remèdes pour faire baisser la température.

La gouvernante éponge le gant humide qu'elle pose sur son front, pourrait tenir sa main au creux de la sienne, caresser ses cheveux peu nombreux mais ce n'est pas sa fonction, était en congé et rend ordinairement visite à monsieur Henri deux fois par semaine en restant très discrète, résolument distante.

Au bout de trois semaines monsieur Henri recouvre ses esprits et aperçoit pour la première fois une femme et le docteur à son chevet. Dans sa surprise celui-ci apparaît avec un front immensément lisse et rond, d'épais favoris et un monocle – il s'agit en réalité de petites lunettes ovales car le docteur est un intellectuel, professeur de propédeutique et de patristique à l'université de Reims, spécialiste des langues, s'intéressant à la rhétorique, la diction, la déclamation, l'expression orale et corporelle sans pour autant pratiquer le théâtre. Il aime le latin et marcher pour réfléchir.

Il ferait un compagnon de voyage idéal parmi d'autres, penserait monsieur Henri en remontant son oreiller pour se tenir plus droit et appréhender les deux individus qui lui font face, parlent, avec qui il finira par communiquer et rien que cela c'est une découverte anthropologique extraordinaire, j'articule des syllabes que tu comprends, tu articules des syllabes que je comprends, nous articulons des groupes de syllabes formant des mots que nous comprenons, nous communiquons, il faudrait voir si des individus de la même espèce ne vivent pas autour de chez lui ; un compagnon de voyage idéal parmi d'autres, donc, une bonne dizaine car chacun serait spécialiste d'une discipline, faune, flore, langues, magnétisme, radiesthésie, géodésie, géologie, géographie, zoologie, mais il l'ignore.

Le docteur croit seulement que monsieur Henri va reprendre une vie normale alors que pas du tout, l'amélioration de sa santé a décuplé ses forces pour relancer ses projets et conduire son voyage imaginé.

Puisque monsieur Henri souhaite sortir, le docteur conseille pour commencer (pas encore tout de suite, attendons quelques jours) de se fixer des objectifs simples, accessibles, un petit voyage autour de chez soi, à pied, à vélo ou en voiture, une promenade en terre étrangère mais pas trop avec retour en soirée à la maison, peut-être alors plus tard dormir à l'hôtel ou chez une connaissance et revenir le lendemain mais monsieur Henri n'écoute rien, lui ce qu'il veut c'est un bon gros voyage du genre voyage de découverte à la dix-huitième siècle où l'on recensait tout, du gravier de rivière à la forme de cette rivière en passant par le bupreste, les habitudes de ce bupreste et la feuille, sa composition, le bruit de la pluie sur la feuille où le bupreste se tient dans la brume formée par cette rivière qui flotte dans la forêt à découvrir aussi sous des cieux qu'on n'a encore jamais vus, d'une couleur spécifique, qui filtre une lumière éphémère, comme la brume qui teinte d'insolite ce qu'elle traverse, où volent des oiseaux inconnus, dans un écran de vapeur qui change le regard sur les choses, modifie la perception du monde, les distances, perspectives, avant l'orage qui arrive, le roulement du tonnerre et l'électricité engendrée continuant à tout modifier aussi. Lui ce qu'il veut encore c'est un voyage d'exploration scientifique, une grande aventure à la Darwin sur le *Beagle* sans le *Beagle* (mal de mer), sans avion (vertige), sans trop de rebondissements en général ni de difficultés en particulier parce que c'est plus simple à gérer et moins désagréable (non à la faim, au froid, aux frontières, au cannibalisme, à l'inconfort, aux maladies : sur ce point il est d'accord avec le docteur, il faut vivre avec son siècle).

Il a trouvé une étape à son projet : la vallée des Dix Mille Fumées.

Au chapitre quatorze d'un ouvrage sur les volcans, plusieurs pages avec historique, photographies et légendes lui étaient consacrées.

Le problème avec cette vallée : elle existe vraiment, monsieur Henri est susceptible de s'y rendre (il va même être en mesure de tout faire pour).

Située en Alaska sur la péninsule qui prolonge la chaîne volcanique des îles Aléoutiennes, à la limite septentrionale de l'océan Pacifique, elle nécessite de se transporter plus loin qu'au bout de son jardin et soulève nombre d'obstacles dont, à deux reprises, celui aérien, ce qui diminue les chances pour monsieur Henri de s'y rendre.

Emporté par son élan d'enthousiasme il n'a pas l'air d'y prêter attention, pourtant ça déménage : avion de ligne, car, taxi ou véhicule personnel pour se rendre à l'aéroport, avionnette (minuscule Piper Cub amphibie trois sièges bruyant et tremblant se posant sur un lac tout aussi minuscule, vu du ciel l'équivalent d'un pétale de rose pour une libellule), sur place on monte la tente, camp de base, on part faire un tour sur le lac à bord d'une barque qui donne le mal de mer à cause des vagues tout aussi creuses qu'en plein océan, il n'y a pas d'île avec de l'herbe à tondre sur le lac, c'est déroutant, loin du bord monsieur Henri panique mais s'apaisera sûrement – c'est ce qu'il se promet – en regardant autour de soi la dizaine de milliers de fumerolles et de jets brûlants qui sortent de terre en rugissant, ou plutôt de la roche ignimbritique, monsieur Henri se plaît à répéter ce mot, il a les yeux qui brillent quand il parle de la vallée qui s'étend au milieu des volcans, large de cinq kilomètres et longue de vingt.

Il parle d'un ancien cataclysme, une nuit de feu en mille neuf cent douze qui aurait fait sauter le dôme du mont Katmaï et déversé des tonnes de lave, reste à savoir comment et de quoi est constituée cette lave. C'est l'un des buts de son voyage. L'étude des volcans lui permettra de comprendre comment la Terre elle-même s'est formée et donc d'accéder à l'origine de la vie et à sa signification.

Avoir trouvé un objectif précis calme monsieur Henri, canalise sa pensée, l'aide à moins disperser ses forces dans un projet total dont il ne voit ni le début ni la fin ; l'occupe – la gouvernante, dont ce n'est pas le rôle d'être contente, est contente malgré tout. Elle a l'air de croire qu'il va en rester là, à dire qu'il va partir sans partir.

Il se prend de passion pour les volcans pas seulement d'Alaska, se pose une question : dit-on volcanologie ou vulcanologie ? Volcanologue ou vulcanologue ?

Son doigt glisse sur les pages d'un atlas, voici l'Etna et Pompéi, remonte jusqu'au Chili où apparaît le Chimborazo en italique, ensuite c'est l'Antarctique, Hawaï, l'Éthiopie et les États-Unis (supervolcans : geysers, nuages de vapeur et lave durcie : le spectacle est grandiose).

Toutes ces images l'échauffent et le font frissonner sans qu'il sache vraiment pourquoi comme si, répétons-le, en s'intéressant au volcan c'est à l'origine de la création du monde et du vivant qu'il s'intéressait – c'est-à-dire au commencement, quand tout éclate, quand tout surgit du fond de la Terre – et qu'il touchait ainsi du doigt l'essentiel, se sentant lui-même comme un volcan prêt à exploser – loin d'être anodin, ce sujet le mettait sur le départ, lui donnait envie de se propulser.

Dans le même genre que les supervolcans il existe des superlunes avec périgée mais ça n'a rien à voir.

Monsieur Henri a quitté son lit, sans sortir de sa chambre il commande un tableau de maître représentant une effusion nocturne, installe un ours polaire Pompon à l'échelle un quarante-troisième près de sa table de nuit, se documente sur Internet, recense sept risques volcaniques majeurs, plusieurs types de volcans et d'éruptions, on s'intéresse aux glaciers mais on va délaisser l'étude en général pour revenir à l'organisation de notre expédition.

Le docteur, qui a senti la détermination de son patient à se lancer dans un périlleux itinéraire, est formel : le voyage planifié est bien trop aventureux pour lui, tumultueux. Monsieur Henri est trop vieux, émotionnellement trop fragile, mais par éducation le docteur use des adjectifs délicat et hypersensible. Non, il a besoin d'un voyage beaucoup plus calme, pédagogique, quelque chose d'apaisant plutôt qu'excitant ; un parcours d'agrément, de complaisance, éducatif ; une promenade se prolongeant. Sans forcément de but. Un grand tour. Quelque chose de plus léger qu'une étude exhaustive de l'univers et qui permettrait à monsieur Henri d'avancer en découvrant ou en redécouvrant le monde qui l'entoure avec les yeux d'un enfant, tout simplement. Sans notes, sans matériel, sans équipe de spécialistes. En tout cas pour le début. Nous verrons après.

Mais monsieur Henri souhaite devenir explorateur. Peut-on l'être sans objectif précis ? Est-ce qu'arpenter un terrain proche au hasard des rencontres et des envies suffit à faire de vous un héros ? De toute façon c'est vrai, il n'a pas les compétences d'un aventurier, la formation, jusqu'à la santé.

Comme monsieur Henri ne voulait rien entendre des préconisations du docteur, pour le persuader on a fait venir un autre docteur qui n'est pas docteur mais conseiller en aventures.

L'homme est énergique, grand, ses longs bras aux manches retroussées forment des arabesques dans la chambre quand il parle. Il demande à monsieur Henri de se positionner au bord du lit, de balancer son buste d'avant en arrière pendant une minute en respirant normalement, de se lever, de marcher en fermant les yeux sur une bande déroulée au sol, quelques secondes plus tard une poutre remplace la bande. C'est plus difficile sur la poutre, même yeux ouverts. On s'y prend à deux pour l'accompagner à monter sur un tabouret d'où il doit se laisser tomber en arrière sur le lit. Même exercice au sol cette fois-ci dans les bras du conseiller. Le conseiller s'assoit parfois au bureau pour cocher des croix dans des cases, mordiller son crayon en regardant le plafond pendant qu'apparemment il réfléchit à une idée qui lui aurait échappé, allume une lampe qu'il braque dans les yeux du patient en scrutant ses pupilles, montre des images représentant des rats, des scorpions, une femme nue mais ça c'est personnel – erreur de sa part –, d'autres formes que monsieur Henri doit deviner parmi des taches d'encre (un loup, une sorcière, une créature ensanglantée), passe des plantes sous son nez à sentir, une bande sonore à tonalité urbaine puis forestière (singes hurleurs), tâte son ventre, ausculte sa poitrine, examine l'intérieur de son nez, ses oreilles, soulève une paupière et approche pour finir un siège rotatif.

Il fait asseoir monsieur Henri dessus, fait tourner le siège dix fois, vingt fois, le verdict est sans appel : le sujet n'est pas fait pour une vie mouvementée. Des dysfonctionnements physiologiques et nerveux ont été constatés qui lui ferment la porte de son rêve – mais à part ça le cœur tient bon, résistant même, les artères, la tension, cholestérol, tout est parfait. Il souffre en particulier de nausées, de vertiges ça on le savait déjà, d'une déficience vestibulaire à l'oreille interne droite, de photophobie, de migraine ophtalmique, de gêne visuelle occasionnée par la présence de corps flottants dans le vitré de l'œil provenant d'une probable ancienne iridocyclite ou hyalite contractée dans sa jeunesse, d'acouphènes, d'hyperacousie, d'allergies diverses, de rhume des foins, d'une fragilité des sinus, d'un manque d'orientation, d'une vésicule biliaire paresseuse, d'un besoin de calme constant, de faire la sieste et de s'allonger régulièrement pour reprendre ses esprits, d'un manque de capacité à enregistrer trop d'informations à la fois ou à la suite, d'émotivité généralisée surtout par temps de pluie, d'anxiété refoulée pouvant prendre des proportions considérables en dehors d'un cadre familier et structuré, d'une tendance à perdre son sang-froid, sa patience, à s'emporter (pas de colère mais attaque soudaine de panique ou exaltation).

Il ne faut pas que les événements se précipitent pour monsieur Henri. Donc au revoir avion, bateau, actions qui se succèdent, destinations de l'autre côté de la planète – la marche de manœuvre se réduit. Bonjour la vie tranquille d'un retraité à la campagne.

Le conseiller en aventures invite donc la gouvernante, le docteur et le voisin, dit nouveau voisin – qui n'est pas si nouveau mais c'est la première fois qu'il entre dans la maison, normalement après avoir tondu son propre jardin il s'occupe de celui de monsieur Henri –, à discuter autour d'une table sur ce qu'on envisagerait d'un peu plus conséquent qu'une promenade afin de combler les attentes du patient tout en se déplaçant à l'extérieur de la maison et même du parc (car monsieur Henri a non seulement besoin de sortir de son jardin mais aussi de voir un peu du pays – sa santé mentale est en jeu).

À long terme et comme objectif ultime, l'idée d'un séjour est lancée. Puisque les volcans l'intéressent, va pour une visite des volcans du pays à bord d'une voiture qui roulerait modérément, se garerait sur des parkings de sites appropriés d'où l'on partirait à pied vers les chemins de crête ensoleillés, passage sur des ponts, arrêts dans des églises, monastères, villages, devant des fontaines, lavoirs, on s'abriterait dans des grottes, on descendrait dans des gouffres, on déborderait vers d'autres régions moins centrales, peut-être aussi un peu au-delà du pays, bref on voyagerait au cœur du monde à la rencontre de ses mystères et de ses habitants sans prendre aucun risque, sans trop s'éloigner, pour le plaisir et en improvisant. Rien n'empêchera monsieur Henri de jouer au naturaliste en collectant ce dont il a besoin et de comprendre la vie à une autre échelle que celle qu'il avait prévue en partant à l'autre bout du monde.

Monsieur Henri, qui a été heureux de rencontrer le nouveau voisin, finit par se laisser convaincre sans pour autant oublier la vallée des Dix Mille Fumées et son grand voyage sur le sens de l'existence dont il remet la réalisation à plus tard ; le périple servira d'entraînement. Son ambition : explorer la Terre, repousser les limites de la connaissance et si possible le faire savoir – sur ce point il connaîtra des difficultés, n'ayant pas vraiment de formation scientifique ni philosophique. Ce qui importe pour le moment : se mouvoir, s'émerveiller, se passionner, partir à la conquête d'un monde qui existe déjà mais qu'on ne finit jamais de connaître ou de reconnaître. Nul besoin pour cela de croire à l'existence d'une neuvième planète, d'une ceinture galactique, d'ondes gravitationnelles, d'un septième continent (Zealandia) ou de sonder Mars. Tout reste à découvrir, c'est juste la façon de voir qui change.

L'idée de s'aventurer au-delà du jardin l'excite. S'il pouvait faire juste cela : marcher, ne rien faire que marcher et voir ce que ça fait (ce que ça donne) de marcher dans un espace nouveau, sous une lumière nouvelle, avec des odeurs neuves et des personnes qui vous regardent, qu'on regarde, il le ferait.

Il va le faire. Il en a l'intention. Dès le chapitre suivant. Pour cela il doit oublier son impatience à forcément s'attendre à des choses rocambolesques. Il doit revenir à un niveau plus simple, plus basique, plus normal de la vie. Un aventurier sait aussi se calmer et accepter la restriction des péripéties.

III

C'est ainsi qu'une première excursion se profile : elle voit monsieur Henri, épaulé par le médecin et le nouveau voisin, s'avancer de quelques mètres sur le trottoir qui flanque un des côtés du jardin à l'extérieur de la maison. On se déplace sur ce trottoir en se demandant ce qu'il y aura après, c'est un nouveau jardin avec une autre maison presque semblable à celle de monsieur Henri mais qui n'appartient pas au nouveau voisin. En tournant sur soi-même on suppose la présence de plusieurs autres maisons et donc non, monsieur Henri n'est pas seul sur Terre.

Au bout du trottoir se déroule une route qui monte sur une centaine de mètres à travers des champs qu'ombragent quelques platanes, elle laisse deviner un virage assez sec avant le sommet, un virage qui pourrait faire office d'objectif pour la journée, en effet c'est toujours intéressant d'assister à une perspective qui s'ouvre ou pas sur un autre virage, mais on s'arrêtera là.

À partir du moment où monsieur Henri a franchi le portail en PVC blanc qui lui arrive à hauteur du nombril et sépare le jardin de la maison du reste du monde, un malaise l'a saisi face au sentiment d'absence de limites qui s'épanouissait autour de lui (plus de haies, de clôtures, de périmètres), au-dessus et même sous ses pieds – ce feu qui bout au fond et remonte pour faire trembler l'extrémité des feuilles, des poils, des cils –, une grandeur qui n'en finirait pas de le pousser vers l'avant pour en savoir toujours plus, s'extasier davantage sur le ciel, les nuages, la forme des nuages, les nuages les uns contre les autres, le Soleil qui leur confère des teintes blanches et moins, la façon qu'il a de relever les détails, de les illuminer par-derrière et de donner l'impression qu'on peut les toucher, qu'ils sont en relief, comme le reste au premier plan, les oiseaux, les arbres, les ondulations du paysage, l'air, le vent.

Au sommet de la route en pente un nuage était posé. Monsieur Henri l'a pris pour une grosse montagne. Comme le ciel s'apercevait en transparence ou pour une autre raison optique, le nuage était bleu et monsieur Henri a vu une montagne bleue. Il a voulu atteindre cette montagne, plutôt cette chaîne de montagnes car sa ligne rejoignait la découpe d'un autre ensemble de nuages comme si le ciel était lié, les nuages au ciel, le ciel au ciel, le ciel au sol, la pente, la route, les pieds sur la route au ciel, le Soleil, les pieds au Soleil, les yeux dans le Soleil à côté du nuage au Soleil ; il a fait part au docteur et au nouveau voisin qui le soutenaient depuis qu'il avait chancelé sous le poids de l'émotion de sa volonté de se rendre au sommet de cette montagne. On n'a rien dit pour ne pas le contrarier, on lui a même promis que dès le lendemain on y réfléchirait.

Mais la montagne avait disparu. Elle s'était érodée vers le soir, effilée, effilochée, trouée ; la nuit l'avait dispersée vers d'autres contrées ainsi que toute la chaîne qu'elle transportait avec elle. Et en haut de la route, le jour suivant, ne subsistait qu'un horizon à perte de vue.

Monsieur Henri, après avoir passé la nuit chez lui avec des rêves et des images réelles plein la tête, a repris son chemin et s'est tenu devant l'immensité ; il avait marché jusqu'au virage qui ouvre effectivement en contrebas sur un autre virage et la vie est ainsi faite qu'on avance de virage en virage pour voir ce qu'il advient après. Ses yeux se sont plissés sous le ciel lactescent, il s'est demandé pourquoi le bleu avait viré au blanc, qu'est-ce que c'était que ce voile qui enveloppait les hauteurs et il a voulu englober l'espace d'un seul regard, d'une seule idée, d'un seul mot mais c'est impossible, trop de signes, trop de sources, la campagne, ce qui venait casser la linéarité (arbres, clochers, toits, antennes lointaines), l'odeur de la nature, la perméabilité du sol, la course d'une brindille prise dans un souffle pourtant il n'y avait pas de vent, de l'air oui mais pas de vent, alors peut-être qu'un être invisible orchestrait la scène, et lui au milieu de cette grandeur, petit, minuscule, faible, inutile, ne sachant pas où aller, vers où s'envoler, s'enfoncer, s'engager, mais plus à l'aise que la veille, droit, fier, contemplant plus que subissant cette beauté.

Le docteur lui a dit qu'il y avait des endroits sur Terre encore plus vastes, des déserts à n'en plus finir, des forêts mais les forêts vous recouvrent, des lacs, des villes mais les villes vous assomment, de longues rivières, de larges plaines, de très hautes montagnes, les abysses de précipices, ravins sans fin, la mer étale ou furieuse, et tout de suite monsieur Henri a voulu voir la mer, se tenir à la frontière d'un continent, quand on ne peut plus continuer à marcher. La mer mais aussi la montagne. Une montagne dispose d'un sommet, comme un volcan – ce point l'attire. Pourra-t-on voir une montagne ? Il formule sa demande au docteur.

Il s'est assis sur une borne kilométrique pour dessiner. Il veut décrire l'univers dans sa totalité, ça ne va pas être simple : comment dessiner le mouvement ? Peut-être irait-on plus vite en filmant ou en photographiant mais le dessin permet d'entrer dans chaque élément, de faire respirer le monde à son rythme.

Il dessine à l'encre de Chine sur du papier bristol, bientôt la plume s'évade vers des paysages imaginaires, des espèces vivantes qui n'existent pas. Avant de choisir le bristol il a passé en revue les matières supports existantes et les matériaux pour créer. La liste n'en finissant plus (il est remonté jusqu'aux peintres et graveurs du dix-septième siècle), il s'est mis d'accord sur deux d'entre eux un peu au hasard et en fonction de ce qu'il a trouvé chez lui.

La nuit lui dévoilera un panorama d'étoiles plus ou moins hautes, grosses, scintillantes, blanches ou bleues, vertes, bleu-vert ; elles-mêmes, si on les relie, représentent des formes qu'il a déjà vues dans des livres.

Parallèlement à ses croquis, il souhaite tenir un journal de bord de ses sorties où il consignera le détail de ce qu'il découvre et l'itinéraire de son parcours. Il ne se recroquevillera pas sur ses sentiments intérieurs qui sont le lieu du roman, de la poésie ou de la forme épistolaire, afin de garder une ligne résolument scientifique comme on l'attend du rapport d'un explorateur. À ce titre il se considère comme un explorateur de l'intime, mais un explorateur quand même. C'est ce qu'il se dit pour le moment parce que sinon ça lui demanderait trop de travail de tout noter, et puis tout le monde ne sait pas écrire. Déjà, la rédaction d'un paragraphe lui a pris la nuit entière qui a suivi la vision des étoiles, et encore au matin n'avait-il pas encore relaté la moitié de sa journée de la veille qu'il fallait dormir, quitte à se réveiller l'après-midi pour continuer à écrire et laisser passer une journée dont on se souviendra qu'on l'a occupée à écrire qu'on a dormi – les actions se télescopent.

De retour sur la butte le surlendemain, monsieur Henri essaye de vivre pour lui-même sans se soucier de ce qu'il transposerait sur la page, il y parvient une ou deux minutes et finit malgré tout par chercher à analyser certaines choses, à lier des groupes à des sous-groupes indépendants, à tracer des lignes entre des points éloignés dans son esprit, à ne plus continuer à se détendre, et même à paniquer un peu, à trembler devant des aspects qui lui échappent, pourquoi telle forme lui apparaît ainsi, telle couleur, est-ce que la surimpression des branches sur les champs signifie que les champs appartiennent aux branches, et alors il se dit qu'il faudra peut-être continuer à noter l'essentiel mais pas tout, à désapprendre la majeure partie de ce que les livres lui ont enseigné pour laisser de la place, faire entrer de l'oxygène, s'épanouir et prendre position dans le monde.

Toujours en compagnie du docteur et du nouveau voisin, on marche en ce nouveau jour par ordre de taille bien après la butte et le premier virage jusqu'à un pont qu'on aperçoit de loin et l'aventure commence vraiment maintenant car qui dit pont dit passage au-dessus d'un cours d'eau, rivière, fleuve, ravin ou route et les choix de directions deviennent multiples.

S'engager quelque part implique de renoncer à se rendre ailleurs. En traversant le pont après avoir pas mal randonné depuis sa maison, forcément monsieur Henri s'empêche de passer par en dessous, il se penche et c'est haut, le vide s'ouvre, physique, hurlant, et monsieur Henri ne sait pas trop s'il ferait un bon alpiniste, il en a l'intention, un aventurier doit être pluridisciplinaire (à plus forte raison un volcanologue).

La sortie du pont en vieilles pierres médiévales débouche sur deux voies au revêtement plus contemporain qui filent à l'opposé l'une de l'autre et un choix s'impose encore. De toute façon on va passer ses journées à suivre des chemins pour en laisser derrière soi, donc autant s'y habituer tout de suite et ne plus en parler. Une forêt apparaît, couvrante, rafraîchissante, toutefois il faut penser au retour qui sera aussi long que l'aller.

Comme les distances n'en finissent plus de s'accumuler, le nouveau voisin qui est un peu mécanicien propose de se rendre en voiture jusqu'au pont pour ne pas avoir à marcher jusque-là et continuer à découvrir de nouvelles vues. On peut aussi partir de l'autre côté après la maison, un espace inconnu prospère les attend. Pas inconnu de tous, c'est surtout monsieur Henri qui s'extasie, n'en revient pas de cette profusion de passages et d'avancées, de mouvements et de vie. Se déplacer donne l'impression que le lieu bouge autour de soi, n'importe quel lieu se manifeste aussi par des quantités de tressaillements pas toujours décelables au premier regard, même à l'arrêt. Ce qui intrigue le plus monsieur Henri : la vaste étendue du ciel au-dessus des champs, les nuages qui s'y bousculent ou l'ignorent, le couvrent ou le parsèment, se désagrègent et naissent continuellement avec lenteur. De cette diversité d'agencements dépendent plusieurs spécificités climatiques parfois combinatoires : température plus ou moins faible, moyenne, air humide, sec, ombre marquée, fade ou absente, pluie fine ou lourde, liquide ou solide, ciel bas, dégagé, bruits dans l'atmosphère, visibilité, brouillard, brume, bruine, vapeur, masse aérienne sombre, Lune, lumière rasante splendide, plongeante, traversante, de quoi rester à chaque fois d'incalculables heures en admiration ou simplement à effectuer un relevé, à mesurer, à noter comme monsieur Henri les chiffres de la pression atmosphérique dans son journal grâce au baromètre du salon, le nombre de pas depuis la maison jusqu'à la borne kilométrique, ensuite de la borne jusqu'au pont mais rien ne dure, tout disparaît et laisse place à un nouveau phénomène, sans compter que là non plus monsieur Henri ne peut pas tout marquer, tout numéroter.

Sur son carnet il tente de cartographier la région, trace la route, ses tours et détours sans réelle aptitude à se projeter dans la vue d'un terrain de haut, en coupe avec dénivelés, donc le résultat reste brouillon.

Parfois monsieur Henri se penche sur une fleur sans la cueillir, violette, marguerite, pissenlit, pimprenelle, potentille, épilobe en épi, laîche glauque. Elle agite imperceptiblement ses pétales, existe, peut-être qu'elle le voit en train de la scruter, se tend vers lui afin qu'il la saisisse. Il s'accroupit, s'immobilise longtemps devant n'importe quoi, contemplant, exfoliant une émotion, on ne sait pas toujours ce qu'il prospecte, finalise, s'il pense et à quoi, griffonne, mémorise, herborise, ça rend les activités plus lentes, plus allongées dans le temps, une simple action s'éternise, le docteur et le nouveau voisin ont de quoi s'impatienter et c'est ce qu'ils font sans l'exprimer car ils sont bien gentils. On se demande d'ailleurs ce qu'ils retirent de ces promenades, ce qu'ils trouvent ou doivent à monsieur Henri pour s'occuper autant de lui.

Le nouveau voisin prend sur ses RTT et soldera ses vacances annuelles, le docteur sacrifie son emploi du temps pour privilégier un unique patient. Tout au plus leur rôle se détachera d'une action, d'un événement narratif et c'est bien suffisant pour ne pas faire de l'ombre à notre personnage central qui aspire à tous les pouvoirs.

En l'attendant ils s'appuient sur leur canne qui est un bâton de marche (monsieur Henri n'en a plus), tapent du soulier, la pointe du soulier (précisément du brodequin pour le docteur) sur la surface goudronnée de la route qui répercute les vibrations vers les chemins avoisinants, dans les racines des plantes, les arbres, la toile des araignées, la patte sur le fil des araignées, l'araignée, la mouche dans la toile, la colonne vertébrale des animaux qui en ont.

La marche s'opère ainsi en silence, monsieur Henri en tête guidé à la voix par le nouveau voisin ou le docteur qui dirigent son attention vers telle ou telle particularité, son, vision, odeur (l'inverse se produisant également, monsieur Henri commentant le spectacle avec beaucoup d'emphase, un spectacle qui en deviendrait presque banal à force de l'écrire : végétation, terre, quand le ciel se déchire : Soleil, marcher dans le Soleil, avoir l'impression qu'il vous enveloppe et que votre corps, ce qui se trouve autour, est en feu, faim, pas froid, soif, le soir revenir sur ce qui vous échappe : avoir croisé quelqu'un, entendu des moteurs de différentes catégories de véhicules à quatre roues, vu une haute porte dissimulant une large bâtisse, deviné la présence de gens aux fenêtres de cette bâtisse, essayé d'imaginer la physionomie des gens. Aussi s'arme-t-on d'un véhicule à cinq vitesses et parfaitement étanche aux variations climatiques pour se rendre à quelques kilomètres de la maison, d'abord jusqu'au pont, donc).

L'arrivée d'une nouvelle technologie accélère l'histoire. À peine la voiture a-t-elle démarré que le pont est atteint, la forêt, un premier village dépassé, puis un hameau, une propriété isolée aperçue sur ce qui s'apparente à une prairie, une ferme, un hôtel, une résidence pavillonnaire, un troupeau de vaches au bord d'une rivière asséchée. Monsieur Henri fait arrêter la voiture devant la plus proche afin de rendre compte de son existence et de son anatomie dans son carnet sous forme d'esquisse de la tête, mufle, front, chignon, corne, début de l'encolure et de la poitrine accompagnée d'un commentaire sur la caractéristique de sa robe et son activité du moment : brouter de l'herbe. On ne regarde pas assez attentivement les vaches. Le corps ressemble à celui d'un cheval maigre et monsieur Henri, qui n'a pas encore étudié un cheval, ébauche des hypothèses sur le système de défense immunitaire de la vache et son transit intestinal. Il en existe vingt millions en France avec près de quarante races différentes donc on ne va pas commencer à les inventorier. Et les plus chantantes à citer ont aujourd'hui disparu : la morvandelle et la mancelle, la marchoise et la cauchoise, la cotentine et la fémeline. À en croire le regard de l'animal, la bête (peut-être sauvage, méfiance) n'est pas agressive ni solitaire. Il en observera de nombreuses pendant son périple et tombera d'accord sur le fait qu'on ne risque rien à les approcher, voire à les caresser.

Le moins que l'on puisse dire est que monsieur Henri n'habite pas en ville, à la montagne ni au bord de la mer : au centre d'un pays, la France, au nord de ce centre : l'île de France ? Une telle possibilité l'enchante car elle rappelle le nom donné jadis à l'île Maurice. À quelques siècles près, l'environnement est tout autre et la soif du pittoresque inextinguible. Monsieur Henri trépigne, a hâte de sillonner le territoire. La précision du lieu n'a pas grande importance de même que la façon dont les occupants de la berline sont habillés, positionnés, assis dans la voiture, sur quoi ils font glisser leurs yeux, à quoi ils pensent, s'accrochent mentalement et physiquement au cours de ce transport en commun.

Monsieur Henri est à l'arrière, allongé sur la banquette. C'est la première fois qu'il monte dans une voiture depuis le début de cette histoire. Il a commencé à se sentir mal dès l'activation du moteur et son tournis, couplé à une forme de peur de la vitesse, s'est accentué lors des premiers mètres qui ont suivi. Il s'agrippait à la poignée, tendait ses jambes, poussait le siège avant passager. Le docteur diagnostique un mal des transports mais c'est plus complexe : le malade ne comprend pas que le décor puisse se mettre en branle quand lui-même reste immobile, et défile aussi rapidement, tellement rapidement qu'on peine à suivre, les yeux ne peuvent tout enregistrer, on est obligé de s'empêcher de sentir certaines fluctuations du monde au profit de celles du véhicule.

Il s'est agité, a fait semblant de marcher dans l'habitacle mais on ne marche que dans un car, une caravane, un camping-car ou un camion. Les rapports ont été revus à la baisse jusqu'en première vitesse, c'est pas très rapide la première vitesse, l'équivalent d'une calèche. Le conducteur n'a plus dépassé les vingt kilomètres-heure pendant une demi-heure et même à cette lenteur on avalait les distances. C'est que mine de rien on était remonté jusqu'en troisième et monsieur Henri a eu le temps de s'endormir – ou de s'évanouir.

Se tenir sur un cheval serait idéal pour qui ne supporte pas la vitesse, un cheval ou un âne ; l'animal avancerait au pas, les alentours ne défileraient pas plus vite que si l'on mettait un pied devant l'autre et aucune fatigue ne se ferait sentir. Mais la traversée risquerait d'être un peu longue, sinueuse, épique, je ne sais pas si toutes les routes sont adaptées aux sabots. L'avantage du véhicule à moteur : on est de retour chez soi le soir en ayant eu l'impression de voyager. Mais il faudrait bientôt penser à ne plus revenir, à espacer les retours avant de ne plus revenir, à accroître le cercle de déplacement, à faire étape dans des hôtels ou auberges. Suggestion : et si on installait monsieur Henri à l'arrière d'une camionnette avec couchette, évier, kitchenette, tout le confort pour se sentir à domicile, dans une maison qui avance mais une maison tout de même, où dormir, aller du lit à la fenêtre, de la fenêtre au lit, remettre une cuillère dans un tiroir, faire le tri de son courrier, se déplacer sans appréhender la route qui change continuellement ? Bien sûr une dose de Cocculine serait régulièrement ingérée.

L'idée est accueillie par la communauté et ça tombe bien, le nouveau voisin alerte de ses mains vient de retaper la camionnette de l'ancien voisin de son voisin qui est un modèle Fiat Ducato 130 Multijet gris métallisé, version Sun Living, gamme Elios 59T ayant déjà pas mal servi, beaucoup de kilomètres dans les pattes, un peu trop d'ailleurs mais pour encore cinq mille (donc suffisamment au total) ça devrait aller, pas plus.

Ça laisse à notre équipe une assez bonne marge pour leur voyage, de toute façon compte tenu de ce qui a été dit sur monsieur Henri, pour son bien on n'espérera pas davantage de route.

Elle dispose d'options appréciables quant à la qualité de vie à bord : store roulant, moustiquaire de porte et rideau occultant, marchepied rétractable, paillasson intégré, porte-chaussures, porte-chaussons, armoires à fermetures aimantées, étagères, vitres teintées et coffre de toit. On s'était rendu chez un concessionnaire spécialisé en camping-cars mais les prix s'affichaient exorbitants, même pour une location, et un camping-car trop spacieux à manœuvrer. Non, la camionnette fera très bien l'affaire.

La mer arrive sans qu'on y prenne garde, eau d'abord sous forme de marais, d'étang, de lac, de flaques de pluie, puis la surface s'agrandit, le ciel par endroits devient plus clair, d'une clarté plus intense que le reste du ciel, un scintillement sur la droite attire l'œil, des blocs de granit déchiquetés couvrent en partie la scène avant que des dunes ondulent jusqu'aux vagues et la plage, agrandissant le champ de vision : c'est le Soleil qui miroite sur la mer, c'est la mer qui est là. Ce sera plus progressif pour les volcans et la montagne, la route s'élève, s'abaisse, crée des plis et des replis au loin qu'on ne remarque pas immédiatement mais dans le ciel montent des nuages qui se confondent en contre-jour avec des silhouettes tout aussi hautes, inversement certains reliefs sont identifiés comme des nuages sauf qu'ils ne bougent pas, ne se modifient pas et sont répertoriés dans les cartes, or voilà qu'on se retrouve entouré de monts, de neige fondue sur le bord de la route et même de pics vertigineux qui donnent l'impression d'enclaver le passant dans une ville d'immeubles géants.

Le trajet en camionnette se déroule sans incident, dans une relative bonne ambiance bien que monsieur Henri ne soit pas très facile, ou trop bavard car n'ayant pas parlé depuis longtemps, ou pas assez car préférant le calme qui l'entoure habituellement, souvent exigeant, autoritaire et peu à l'aise avec la vie en collectivité.

L'expérience a été faite de le laisser seul quelque part pendant de brèves minutes et il est vite perdu, s'affole, ne sait plus dans quelle direction aller. Une chose est sûre : monsieur Henri n'aurait jamais quitté l'enclos de son jardin seul. Même dans la camionnette où tout semble arrêté, posé, pesé, rien n'est tranquille. Les ennuis guettent. Le docteur et le nouveau voisin seront assez de deux pour prendre certaines décisions à sa place, servir parfois de bouclier, de protection contre la force du monde.

On ignore certains détails de son passé. Des bulletins attestent qu'il aurait travaillé au service d'une agence postale, compté, contresigné, classé des chèques, distribué le courrier, ça mériterait d'être prouvé. Une vie réglée à la seconde, propre, sage, sans débordement, certainement pas assez. À présent il espère se rattraper. Dévorer enfin la vie. Rien n'est su non plus de sa vie personnelle même si le docteur et la gouvernante en ont eu forcément connaissance. Pas d'épouse en vue ou peut-être une autrefois, ni sœur, ni compagne, plus de mère. Juste la gouvernante qui garde la maison. Monsieur Henri se trouve entre de bonnes mains, pense-t-elle. À distance elle supervisera le parcours. Elle n'aurait jamais cru que monsieur Henri se déciderait à partir, c'est grâce au docteur et au nouveau voisin. Elle a prévu qu'après quelques essais sur route le voyage se prolonge plusieurs semaines, un mois entier si tout se passe bien.

On a d'abord testé l'affaire tous les quatre pendant un week-end. La gouvernante avait réservé deux chambres simples et une double au manoir du Sphinx. Le docteur et le nouveau voisin n'ayant pas voulu dormir dans le même lit et la maison ne disposant plus de couchage séparé ni de matelas individuel dans le placard ou sous le sommier, le groupe opta pour l'auberge du Grand Cerf non loin de là qui proposait, outre de grands bois de cerfs accrochés aux quatre coins des murs de la salle à manger commune, des couchages superposés à l'étage.

On arrive à la tombée du jour, Christiane la patronne nous reçoit en chemise et bonnette de nuit, bougie dans son écuelle à main presque totalement consommée. À cette époque et pas pour longtemps, le déplacement s'effectuait dans une voiture à deux roues et toit tractée par deux équidés. On donnera à ce moyen de transport n'importe quel nom en fonction de l'époque de référence choisie (berline, Untel en postillon sur l'un des chevaux, tel autre sur le siège avec le cocher ; carrosse, fiacre, chariot, charrette, roulotte, carriole, cabriolet). Il avait semblé alors que l'histoire eût fait un bond en arrière d'un siècle ou trois sans qu'on se l'expliquât. On s'était dit que les chevaux, tout de même, ça valait le coup d'essayer, pas forcément de les monter, juste pour voir ce que ça faisait un tour à l'ancienne. Monsieur Henri se félicitait d'avoir accepté : il tenait la bride, tirait à gauche pour aller à gauche, à droite pour aller à droite, vers lui pour freiner. Il se prenait pour un héros d'une époque révolue. Des souvenirs d'enfance revenaient à lui, pas tout, certaines choses, des bribes, que Jeanne dans *Une vie* de Maupassant avait mis deux mois pour se rendre en Corse (dans les mêmes conditions). Il s'est rappelé cela à un moment sans se l'expliquer puis l'a oublié. Les chevaux ont passé la nuit dehors sous un abri en tôle, de l'avoine leur a été donnée, des soins prodigués avant que chacun se retire en son intimité.

Dans le salon éteint, la bougie de Christiane projetait des ombres fantasmatiques et mouvantes tout autour de sa main et en la suivant dans l'escalier, le couloir, monsieur Henri s'imaginait qu'il dormait dans un château hanté. Dans un château d'abord, puis que le château était hanté. Les tours du manoir du Sphinx se découpant dans la nuit claire s'entrevoyaient depuis sa chambre ce qui n'a pas déplu à son imagination.

Tout le monde dormait depuis longtemps quand il s'est couché, impatient de poursuivre dans ses rêves la démesure de ce qu'il voyait. Mais il n'a pas rêvé comme il souhaitait : chevauchée dans la lande, lune de fin de nuit, galop le long des grèves, genêts, fraîcheur du vent, lacs, feu épars, chauves-souris. On est le protagoniste d'une histoire à suspense qu'on se raconte à soi-même : *Ange exterminateur*, *Crépuscule des anges*, *Prince des ténèbres*. Au réveil monsieur Henri écrit dans son journal les notes d'un roman policier, noir ou gothique. Il préfère le gothique car il recoupe les deux autres : fantômes, jumeaux, caves, jeune vierge enchaînée dans la cave, messe nocturne, monastère, passages secrets. Sur le chemin du retour son imagination s'apaise, il n'oublie pas pour autant son désir de grande aventure.

La camionnette avec son installation intérieure retapée – éclairage LED indirect et lignes sobres, tons clairs, plaques de cuisson vitrocéramiques – calme les esprits, remet chaque pensée à sa place.

Dans ce contexte le départ du voyage s'entrevoit et après un dernier week-end au manoir du Sphinx enfin cette fois-ci (monsieur Henri dort dans la camionnette, le docteur et le nouveau voisin chacun dans une chambre) l'équipe est jugée apte à poursuivre son effort.

Juste avant le départ définitif, un nouveau nouveau voisin fait son apparition dans l'histoire pour n'y résider que quelques lignes – nouveau dans la mesure où monsieur Henri ne l'a jamais vu, parce que ça fait au moins vingt ans qu'il habite à côté, contre deux pour le nouveau voisin. Il porte une combinaison de bricolage intégrale à poches d'où dépassent des tournevis et une clé anglaise. Il adjoint à la fourgonnette une caravane qui permettra d'avoir plus de place pour le rangement. Le docteur et le nouveau voisin entreposent leurs affaires personnelles dans les placards de la caravane, sur la table à manger monsieur Henri pourra travailler, dessiner ; du matériel de camping est aligné dans la longueur. On peut dormir à deux sur le lit superposé. C'est là que le docteur et le nouveau voisin passeront la plupart de leurs nuits pendant le mois à venir.

IV

La gouvernante avait organisé une petite fête de départ, lustré la camionnette, accroché des nœuds sur le portail, ballons de baudruche au-dessus de la porte, emballé des friandises disposées en pyramide dans le jardin, pêche à la ligne, cadeau surprise, invité le maire. Le maire est à cheval sur deux communes mais c'est une expression, il arrive en Jeep. Il a beaucoup de sourcils et des soucis tout aussi épineux avec un groupe d'opposants au pouvoir mais il nous épargne ce sujet. Il n'habite pas la ville où il est maire et n'est pas tout à fait maire de la ville, plutôt du village d'ailleurs, dont il s'occupe, c'est compliqué. Il a une large moustache – ce qui nous présente sur ce visage au demeurant rondouillard et à la peau luisante pas mal de poils –, ne porte pas de cravate ; ses petites jambes donnent l'impression qu'il court quand il marche ; il s'éponge souvent le front avec un mouchoir en tissu. Dès qu'il parle transpire.

Il salue monsieur Henri, prend place dans le jardin au milieu du cercle intime, commence un discours, perle du front, se ravise. Il ne sait pas quoi dire. N'a pas vraiment compris la destination, l'intérêt du parcours fêté ni la pertinence de sa présence à lui aujourd'hui. De toute évidence s'agit-il d'une déambulation qui a pris de l'ampleur et qui dès le lendemain durera longtemps. Chacun a le droit de partir en voyage, celui de monsieur Henri n'est pas plus exceptionnel que les autres, peut-être même moins, se plaît-il à penser. Tout de même, il salue la curiosité de notre héros et son ambition qui donneront ses riches heures à la circonscription j'en suis sûr. Trinquons.

Un groupe de musique arrive vers quatorze heures, Richard le trompettiste entame un air solennel quand vient la plantation d'un pin parasol censé symboliser quelque chose de fort en rapport avec le voyage ou le cinquantième anniversaire d'un événement mais on attendait un hêtre. Monsieur le maire tient la pelle. Un trou a déjà été creusé. La motte est placée dans le trou, le tas de terre est ramené jusqu'au bord sur les côtés et le maire jette une pelletée contre le tronc frêle. L'arbre évoque la vie, il est le cœur de la cérémonie. Les têtes s'inclinent. On le décore d'une guirlande de Noël que la gouvernante a récupérée dans un carton du garage et dont monsieur Henri sera peut-être affublé un jour aussi, avec une médaille. Il n'a aucune ambition, ne souhaite pas changer le monde, juste apaiser sa soif de miracles et poursuivre son chemin toujours plus loin. Là il se trouve en pleine lumière. Ça le dérange. À un moment tous les regards le toisent. Il est intimidé. Est plutôt habitué à être caché. À se cacher. Il y a une ligne de démarcation qui délimite l'ombre du Soleil et il commence à avoir chaud, à ne pas se sentir bien d'être debout. Il remue les pieds, compresse ses orteils dans ses chaussures parce que sa tension baisse, aurait besoin d'une casquette ou de lunettes contre le jour. Il lui apparaît fort même par temps gris, parfois aussi sous certaines pluies, comme si monsieur Henri ne disposait pas de protections naturelles contre l'intensité du monde.

Il observe ce qu'il peut des convives parler, chanter, communiquer, s'interpeller ; la manière dont on se comporte, pas forcément avec des mots, en présence de l'autre. Il souhaiterait les interroger sur leur rôle dans le monde et la raison de leur venue sur la planète mais son carnet est dans la camionnette. La diversité de chaque être l'étonne, tant physique, anatomique, culturelle, que sonore, olfactive, affective. Il mémorise leur apparence pour un croquis à venir. Finalement prend congé. Part faire le point sur cet événement dans la camionnette qui est devenue son bureau. Parfois aussi il se réfugie dans la caravane mais la caravane est davantage le lieu du docteur et du nouveau voisin. Il ne notera rien, se couchera sur son matelas et s'assoupira.

Dans l'habitacle monsieur Henri a pris ses aises. Il a collé sur les parois de la cabine des photos de son salon, de sa maison pour être comme chez lui, il a reconstitué la disposition de sa chambre avec la table de nuit sous le rideau et ce qu'il faut dessus pour ne pas être dépaysé. Il se tient la majeure partie du temps couché à regarder le ciel à travers le hublot de toit en se disant que ce n'est que le vent, rien que le vent et pas la vitesse qui fait défiler les branches, les poteaux électriques, les lignes des poteaux électriques sur le ciel changeant – au point de nous faire accroire que le décor avance mais pas nos personnages. Parfois il s'assoit sur son lit dans le sens de la route pour regarder au-delà du pare-brise.

Au premier plan sont assis le docteur et le nouveau voisin, nous les voyons de dos sur les sièges avant. Ils conduisent à tour de rôle ou restent tranquilles, contrôlant de gauche et de droite sans contrôler quoi que ce soit, juste dodelinant de la tête, enivrés par la torpeur de la route, se retournant vers leur passager qui ne prend pas le volant, s'enquérant de son état. Leurs épaules tressautent quand le terrain est moins plat. Sur le pare-brise aussi le paysage change et c'est comme au cinéma ou devant une grande télévision. Même la pluie qui brouille l'écran est fascinante. On peine à s'extraire du véhicule tant on se sent bien dedans.

Le problème quand on ne sait pas à quoi s'attendre c'est qu'il faut penser à tout : monsieur Henri a rempli son coffre de toit sur la galerie de vêtements chauds, bas de laine, pulls, tricots de peau en prévision de routes éventuellement inclinées, oxygène venant à manquer, température en baisse, colline devient dôme, dôme montagne, ainsi que de cordes et bottes à crampons, à clous, marteaux, pics, casques si le terrain s'escarpe, instruments de mesure sur trépied, notamment un nouveau baromètre et une lunette achromatique de Dollond (utilisée par Shackelton lors de l'expédition Antarctique de 1901), un thermomètre Réaumur et une boussole à main, magnétomètre, électromètre, anémomètre, hygromètre à cheveu. Il se dit que plus il sera équipé, plus intéressant sera le voyage. Il se dit aussi que peut-être il n'utilisera pas tous ses appareils, se contentant d'observer pour le plaisir d'observer. Mais il préfère les avoir sous le coude. Il ignore leur mode d'emploi, pour autant se sent rassuré, entouré, prêt à de fructueuses expériences si l'envie lui prend. L'intérêt qu'il porte aux volcans ne se manifeste plus depuis quelques jours mais peut-être qu'il le garde pour lui, n'en parle pas mais y pense tout le temps, le Katmaï, la vallée en Alaska, le parc de France pour patienter, s'échauffer.

Il emporte aussi douze chemises en indienne, autant de toile fine de Hollande ainsi que chemisettes, tenues légères et ce qui va avec (sandales, bob, couvre-tête, linge de bain, équipement de plongée en cas de forte chaleur et de proximité aquatique). Tubes et éprouvettes recueilleront coquillages et pierres ; les plantes sécheront dans du papier journal entre des planches serrées les unes contre les autres et pour les insectes filets et bocaux suffiront. Il n'a pas pensé aux oiseaux, mammifères, reptiles et amphibiens, aux poissons, aux crustacés, à l'alcool ou au formol nécessaire pour les fixer. Ni aux algues et aux coraux. Il existe des éponges carnivores. Les oursins se déplacent grâce à leurs épines. Le concombre maritime nage. Les ophiures sont plus belles encore que les étoiles de mer. La pieuvre en particulier l'interpelle. Un dossier illustré lui est consacré dans un numéro du *National Geographic Magazine*. Il voudra en dessiner une d'après nature, la rapporter, la conserver dans un aquarium de vingt ou quarante litres. La pieuvre est dotée de superpouvoirs, change de forme et de couleur, se fond dans une fente, projette son encre ou disparaît, dévisse un couvercle et peut mieux faire, contrôle chaque ventouse indépendamment. Elle vous regarde dans les yeux, trois cœurs battent, son sang est bleu et la science s'étonne de son intelligence (cinq cents millions de neurones, presque autant que le chat, font dire qu'elle est douée de conscience, pense). Monsieur Henri chérit la pieuvre dite poulpe blême *(Octopus pallidus)* : son nom vernaculaire lui plaît, la bête est belle, robuste, corps large et tentacules courts, chasse la nuit, vit au large de l'Australie. Il veut voir l'Australie autrement que dans un atlas ou sur le planisphère déroulé au-dessus de sa couchette. Ses déserts, ses côtes. L'océan qui l'entoure. Il se demande si la camionnette flotte pour traverser les mers. Ou vole. C'est déjà bien de rouler, mais n'est-ce pas limité ? Il s'évade. S'égare. Souhaite trop de choses à la fois. Il tombe dans une hébétude qui le rend incapable d'obtenir quoi que ce soit, comme si à trop désirer on n'accédait à rien ; il reste sans rien faire, dans la camionnette ou dehors, regarde au loin – est-il heureux, nostalgique ? Son regard se voile comme un phare dans le brouillard sans qu'on sache ce qu'il pense. Parfois aussi il s'étire de bonheur, juste cela, être bien, se détendre, il a besoin de mesurer l'envergure de son sentiment en y réfléchissant, rêvant, souriant dans le vague et se décontractant.

Camionnette tractant caravane : le tout est lourd, même sans le vouloir l'avancée s'effectue à faible vitesse. On a mis les chevaux dans le moteur mais ça ne suffit pas, avec l'usure la machine n'a plus beaucoup de ressort. Mine de rien le convoi se dirige vers la Normandie à moins qu'il n'y soit déjà, à peine parti juste arrivé, nous avons toujours été là ; ou s'en éloigne ; et dans l'hypothèse qu'il n'y soit pas on ne saurait dire qui a pris le commandement du trajet et s'il s'agira bien de la Normandie : bocages, vaches, verts pâturages, souvenir de Villedieu-les-Poêles, possibilité de la mer si on continue tout droit. À bien y regarder l'itinéraire s'élabore au jour le jour en fonction de l'humeur et du temps ; on ne s'interdit pas non plus de revenir en arrière pour de bon ou provisoirement, retour au bercail.

Le départ, qui se suivrait d'un autre départ mais qu'on peut considérer comme le plus officiel de leurs départs, prévu à onze heures, n'a eu lieu qu'à quatorze. Il faisait beau et doux. Nous étions au milieu du mois de mai. Vers midi le docteur a souhaité déjeuner, par contre si je déjeune je ne conduis pas : les vapeurs postprandiales m'endorment. Le nouveau voisin sujet à ce genre de désagrément s'est sacrifié pour ne pas manger et nous venions de démarrer qu'il commençait à avoir faim. On s'est arrêtés pour pique-niquer à quinze heures près de la maison sur une structure monobloc de table en bois montée de deux bancs qui se font face et fixée au sol sur le bord de la route près d'un étang aux grenouilles. On n'avait pas avancé, tourné en rond pour des raisons de préparation mais tourner en rond est une façon d'avancer, le docteur regardant sur la carte, le nouveau voisin comptant pour progresser sur les indications du docteur qui ne savait pas lire une carte et finissait par avoir mal au cœur à défaut de dormir. Un GPS eût été fort utile même si le docteur en a connu un qui proposait systématiquement de faire le tour de la Terre puis de tourner à gauche. C'est un peu ce qu'ils avaient l'impression d'entreprendre.

Monsieur Henri se laisse porter, il a beaucoup aimé le déjeuner. Il regardait frémir autour de lui les feuilles du saule qui bruissent dans la brise. Elles frétillaient à tour de rôle, par vagues, selon les assauts plus ou moins timides du vent. Plusieurs feuilles faisaient tanguer une branche, puis la suivante, puis toute une série de branches. L'herbe au pied se coiffait et se décoiffait dans un ordre anarchique. Une rivière coulait à une coudée avec une roue à eau de moulin qui tournait sans discontinuer. Il essayait de s'imaginer ce qui l'attendait dans les minutes, les heures, les jours à venir et la moindre scène, la moindre vision l'enthousiasmaient : rien que d'être en mouvement (les yeux, les mains, les jambes, tout le corps, l'esprit), vivant, au milieu d'un monde saturé de lumière et de ténèbres, surpris par des créatures exubérantes ou sur le point de naître, de remonter dans la camionnette, de se mettre à rouler, d'entendre le moteur, de se laisser bercer par la vitesse à laquelle il allait bien finir par s'habituer, d'avancer. Il n'est plus trop malade en voiture. Il reste au milieu, derrière la banquette et regarde la route.

Quand il s'allonge c'est toujours dans le sens de la marche. On fait des pauses assez souvent pour qu'il puisse faire des liens entre les lieux, se situer mentalement, se perdre par étapes. Et on avance tout doucement. Pour commencer on se met à rouler pour rien, à repasser là où on est déjà passé, juste pour acclimater monsieur Henri au changement constant qui est le propre du déplacement en voiture. C'est le propre aussi du déplacement en train mais la camionnette permet de pratiquer tous types de terrains et de s'approcher vraiment des lieux sans sortir du véhicule.

Pendant les trajets le docteur articule, le nouveau voisin répond, un long silence sépare les interventions, ce sont surtout des interjections. Parfois monsieur Henri aperçoit quelque chose sur le bord de la route et demande qu'on s'arrête, comme pour la vache. Il a encore du mal à ne pas tout observer, à s'éloigner trop de sa maison. De toute façon on continue à tourner en rond volontairement.

Après de nombreux tours on finit par gagner la mer qui n'était pas si loin, quasiment au bout du jardin ; et peut-être qu'on n'a pas fait que tourner.

D'abord lac, monsieur Henri demande l'arrêt : cité engloutie, barrage. On foule la berge jusqu'à se tenir à quelques centimètres de l'eau. Le spectacle est enchanteur, la scène s'élargirait à perte de vue s'il n'y avait la forêt tout autour. Mais la place est considérable. Ce sera plus impressionnant encore devant la mer. Monsieur Henri l'ignore, pour l'heure n'a jamais vu un paysage si découvert. Ça donne envie de courir jusqu'au milieu du lac, au moins d'emprunter un kayak à une école d'aviron dont le nouveau voisin dit deviner les préfabriqués sur une plage voisine.

En s'approchant monsieur Henri note la présence de deux hommes vêtus de couleurs vives – des agents d'entretien – autour d'une cabane en bois à qui il ne parle pas mais qui utilisent le même langage que lui pour communiquer. Ça porte à une dizaine le nombre de personnes croisées de près depuis le début et monsieur Henri comptait à cette époque recenser la population totale du pays, dessiner chaque visage – abandonne peu après. On lui propose un canot car les kayaks sont rangés dans un hangar mais le souvenir de son expérience sur l'étang lui revient et il juge plus à propos de rédiger des informations sur son carnet bien sagement, installé sur un banc à terre, attendant le retour de ses compagnons dans le canot. Il cherche notamment un moyen facile de connaître la profondeur du site, en vain, et de recueillir des données sur la cité engloutie qu'aucun panneau ne mentionne.

La visite se termine sans plus de précisions à la tombée du jour après un tour désert du lac à pied d'au moins une heure et demie au cours duquel on a reconnu le chant de certains oiseaux, évité de marcher sur un crapaud et admiré la frondaison d'arbres remarquables qui déclivaient en direction de l'eau et la mer, grande comme un million de fois le lac, apparaît le lendemain matin.

Les conducteurs se sont alternés au volant pendant la nuit ou ont dormi. La camionnette se gare vers dix heures contre un monticule herbeux séparant le parking de la dune. Le parking est parsemé de trous assez profonds inondés d'eau de pluie ou de mer : marées, vagues ? Monsieur Henri ne regarde pas encore le spectacle qui prend vie. Il a ouvert la porte du fourgon en baissant les yeux à cause de la très forte luminosité et pour se ménager la surprise, effectue avec concentration ses premiers pas sur le sable sec puis mouillé, le sable mouillé est plus ocre que le sable sec, presque blanc, le sable sec coule entre les doigts, accroche de fins cristaux aux chevilles, aux habits – le mouillé : compact, on s'enfonce dedans. Il a chaussé ses bottes en caoutchouc pour marcher dans les flaques et ne pas se salir, une paire de lunettes indice quatre contre les UV et s'est coiffé d'une casquette publicitaire à l'effigie d'une banque agricole. Monsieur Henri rougit du front, connaît l'insolation.

Le Soleil, pas encore estival, est puissant. On sent que la brillance ne vient pas seulement d'en haut : une plaque immense la réverbère. Même quand un nuage le voile, la mer reflète dans le nuage une blancheur plus éclatante que le Soleil. Ça se voit sur la camionnette dont la carrosserie étincelle. Ça fera pareil avec la neige.

Maintenant monsieur Henri se trouve face à la mer. Il cligne des yeux parce qu'il n'en revient pas de toute cette eau sans arbre, sans rien pour accrocher le regard, qui double le ciel déjà infini, encore plus infini que dans les terres au-dessus des champs, avec des vagues et des mouvements internes, comme autant de liberté qui vous saute à la gorge. On est à la fois pris de panique et en extase. Que faire de tout ça ? De tous ces sentiments qui vous assaillent ? Et l'odeur. C'est tellement sensationnel. On se croirait au bout du monde.

Monsieur Henri embrasse ses compagnons de gratitude. Il porte son attention sur les vagues, petites, silencieuses, ourlant délicatement le bord de la plage, l'imperceptible mais fascinante car entêtante ondulation de la surface aux reflets changeants suivant la couleur du ciel, parfois argentés. Parfois aussi ciel et mer se confondent, créant un vide ; une sorte de voile translucide envahit l'atmosphère et c'est comme un brouillard mais en plus léger : on a l'impression de flotter dans une absence de monde. Le vent. Il existe plusieurs sortes de vents. Celui-ci est faible, légèrement humide.

Monsieur Henri évolue dans la zone intertidale le long de la plage puis se remet face au large, bottes dans l'eau. Il pourrait les enlever pour se tremper les pieds mais non, il n'y pense pas. Il ne se promènera pas non plus le long de la côte, dans de plus gros rochers, les criques, cirques, estrans, cordons dunaires. Ni ne s'enfoncera vers l'intérieur des terres à la recherche de l'orobanche améthyste ou de l'inule fausse criste par exemple. Il restera à la limite du sable et de l'onde, à la limite du territoire viable. Ça ne l'empêchera pas d'observer une aigrette à l'arrêt, un ibis, un escargot bleu, de relever sur la grève entre deux rochers la présence d'une physalie que le docteur lui défend de toucher, seulement reproduire au pastel. Et d'un œuf de roussette qu'on prend généralement pour tel mais qui en définitive est autre chose.

Il a ramassé des coquillages, des algues et un galet qu'il tient dans ses mains. Un spécialiste reconnaîtrait un troque jujube et un pourpre petite pierre, pour les algues ça m'a tout l'air d'être du varech vésiculeux. Il comprend qu'il ne peut aller plus loin en marchant et cette contrainte naturelle le fascine, l'enracine dans le sol absolu. On dirait que la mer est calme. Elle l'est pourtant moins que le lac, un courant visible court d'est en ouest. Il voudrait étudier ce courant, son circuit, ses répercussions sur l'environnement mais ne sait pas comment s'y prendre. Qu'y a-t-il au bout de l'horizon ? Et sous la mer ? Quels mystères dissimule-t-elle ? À se dire que l'origine de la vie vient de là, monsieur Henri est ému. Traversent son esprit la notion d'échelle de temps et de distance dont il n'a jamais perçu la signification et d'autres pistes de réflexion qui peuvent paraître naïves à qui s'est déjà tenu sur une côte mais pour lui tout est neuf : il se rappelle que les deux tiers des mers et des océans demeurent inconnus – à cette pensée tressaille ; l'idée d'explorer les fonds lui procure une terreur car des monstres s'y tapissent à n'en point douter ; on doit pouvoir exploiter cette force de la nature pour le bien de l'humanité ; pas de pollution en vue mais ça ne saurait tarder ; la mer relie l'ensemble des continents, avec mes pieds dans l'eau je me connecte à l'ensemble de l'humanité – c'est vivifiant, je prends de la hauteur.

À moins de nager – ce qu'il ne souhaite pas pour le moment –, de respirer dans l'eau ou de marcher sur les vagues, il est acculé à rebrousser chemin. Impossible de faire le tour de la mer comme pour le lac. C'est là que l'invention du bateau, du sous-marin et des équipements de plongée apparaît dans toute sa nécessité. Monsieur Henri juge les hommes inventifs d'avoir su déjouer ces obstacles. Il sourit, écarte les bras, sent le vent salé caresser son visage, ses paumes. Il est heureux. Tourne sur lui-même. Ne souhaite rien d'autre que de se trouver là. En écartant les bras il a écarté les doigts et perdu ses coquillages, une algue et le galet. Il tente de les retrouver mais l'eau déjà a monté, il faut s'en retourner.

Avant la soirée il crée un rapport rapide et peu fiable des oscillations de la température de la mer avec le phénomène des marées, mesure la profondeur des flaques sur le parking, en déduit quelque chose qu'il n'écrit nulle part. Il tente aussi une expérience mettant en confrontation de la fleur de sel et une pincée de grain de sable, sans effet.

On va dormir sur place, pendant trois jours monsieur Henri alternera contemplation et expérimentation, même la nuit. Il n'a pas toujours la patience et le bon matériel exigés mais l'ensemble lui convient. Un octant anglais eût permis de déterminer les longitudes à la mer par le moyen des distances de la Lune au Soleil ou à l'étoile zodiacale, avec moins de précision cependant qu'un héliomètre à grand angle et encore moins qu'un mégamètre à angle encore plus grand. Dans la famille des suffixes en mètre, quel dommage de ne disposer non plus d'un diaphanomètre (mesure de la transparence de l'air), d'un eudiomètre (salubrité de l'air) et d'un héliothermomètre (intensité du rayonnement solaire). Mais c'est la nature de l'homme de n'être jamais content, quand on peut aussi observer la mer sans rien faire, sans penser au transit de Vénus qu'on verrait parfaitement d'ici.

Monsieur Henri se prête à ce genre d'activité : immobile devant l'immensité je contemple. Je respire calmement et j'observe. Les idées vont et viennent. J'essaie de les laisser circuler sans en isoler aucune. Je n'arrive toutefois pas à ne penser à rien.

Afin de rester en contact avec un décor familier qui rend celui-ci pas trop étranger à son jardin, il imagine les arbres qu'il voit des fenêtres de son salon plantés sur la mer et sur les côtés de la plage. Il se sent moins perdu. Procédera ainsi au début avec tous les endroits qu'il visitera en espérant qu'ils soient tous au bout de son jardin – dans le fond, s'il avait pu, il n'aurait jamais quitté son jardin.

Le deuxième soir lui offre son premier coucher de soleil cependant que la veille – ciel couvert – a laissé tomber le jour assez uniformément quoique plus progressivement et lentement que dans les terres, lui a-t-il semblé. Le Soleil devenait orange à mesure qu'il se rapprochait de la ligne d'horizon, se déformait ; pour nous la scène est habituelle, monsieur Henri la vivait avec un regard nouveau. Le ciel passait par des teintes mauves, violettes, un astre s'alluma. On avait suivi sa disparition en décomptant et en se disant que de l'autre côté de la Terre c'était la même mécanique à l'envers. Monsieur Henri ne se lassera jamais de suivre l'action, installé sur un banc de la plage, un talus de la campagne ou un rondin dans la montagne, tout à l'excitation du spectateur au théâtre.

Il passe ainsi de longues heures inactif, sentant autour de lui des choses exister quand d'autres ne voient rien : chien parmi les hautes herbes, la queue du chien se confondant avec les herbes, la forme d'un nuage, stratus, cirrus, altocumulus, dans l'altocumulus : un ours, une bergère, une tête de loup, la reconfiguration du nuage en un autre nuage, pétale qui tombe, termite, colonie de termites, puceron luttant contre termite. Il y a l'événement et ce à quoi l'événement fait penser. Tout prend vie : le monde, la pensée. Un rayon balayant la montagne donne l'impression que la montagne avance. Et provoque l'envie d'écrire.

Monsieur Henri essayera de rédiger un chapitre sur le visible et l'invisible, le grand et l'infiniment petit. Finissant par ne plus savoir par où commencer, il abdiquera au bout de cinq lignes. Dans ces moments-là le nouveau voisin et le docteur jouent aux cartes ou préparent l'intendance : tente en toile, lit pliable, réchaud à gaz ou feu, si c'est un feu corvée de bois obligatoire, disposer des pierres en cercle pour poser le bois, entretien des flammes.

On couche dehors par forte chaleur, le docteur recommande cette option qui fortifie l'organisme et réoxygène le sang. Monsieur Henri s'endort avec les bruits de la nuit, sa main pendue à l'extérieur du lit en contact avec le tissu et il se dit que c'est comme si rien ne le protégeait de l'extérieur : il est alors aventurier, en harmonie avec la nature qui dort aussi dehors. Quoique pas tout le monde : certains animaux nocturnes émettent des cris qui l'empêchent de trouver le sommeil et lui font peur. La même impression (celle d'être en harmonie avec la nature) l'étreint dans la camionnette mais moins, à cause de la tôle.

C'est souvent le soir avant de s'endormir ou le matin au réveil – la sensation est alors balayée par le désir d'ouvrir les yeux et de se plonger dans une nouvelle et palpitante journée – que la nostalgie le submerge. Même en se persuadant qu'il campe dans son jardin, que sa maison est de l'autre côté des bois, il se sent loin de chez lui, de ses habitudes. Il se demande si la vie de nomade lui correspond, s'il n'aurait pas mieux fait de continuer à arpenter son jardin, à s'en satisfaire, le soir dormir sous ses draps, à la limite dans une tente sous les volets de sa chambre, en journée par exemple vider l'étang (ça occupe), creuser pour voir ce qui se trouve en dessous de l'île, descendre dans des galeries, monter en haut des arbres, se construire une habitation sur la canopée, ouvrir un parc animalier, ne plus rentrer dans ses appartements mais s'installer juste à côté, sans gros dégâts ni risque pour la santé physique et mentale : on continue à graviter autour de soi tout en s'échappant. Qu'est-ce qui l'a poussé à partir ? Maintenant il se sent désemparé, un peu seul, perdu. Il doit s'adapter en permanence. Assimiler les informations. Décrypter les codes. Trouver les mots justes à chaque changement pour décrire le décor. Construire des ponts invisibles entre les choses, beaucoup, des petits ponts, pas besoin de grands, afin de lutter contre le vide qui s'agrandit d'une étape à l'autre et ne pas être en panique. Toujours se tenir à la rampe. Ne pas se laisser aller à ne plus rien contrôler. Les vrais aventuriers sont résistants, font tout très vite et bien, n'ont pas autant besoin de temps pour tout. Ils sont décontractés, souples.

À la veillée du soir le docteur a lu des extraits de récits et relations de voyages, de romans d'aventures imprimés sur des feuilles polycopiées. Walter Scott. James Cook. Victor Segalen. Humboldt. Bougainville.

Il a pour mission de surveiller la santé et l'équilibre du patient tout en lui apportant un enseignement complet sur le monde et la façon de s'y comporter. On a évoqué Paris, métro, bus, taxi, correspondance, trafic. On a vu que le voyage peut se faire à plusieurs niveaux et au sein d'une même ville. On s'est dit qu'on visiterait une ville. Ensuite le nouveau voisin, qui se prénomme aussi Jean-Jacques, a joué de la guitare, chanté des airs et des paroles de Jean-Jacques Goldman. Il se débrouille. On a regardé les étoiles. Le docteur a donné un cours d'initiation à l'astronomie. Des nuages sont passés qui ont interrompu le cours magistral. D'ordinaire il réserve ses leçons pour le temps de la sieste quand la journée, déjà pas très agitée, réveil, travaux pratiques, conduite vers une nouvelle destination ou pour se promener à l'entour, visite, pique-nique, le soir avant le dîner quartier libre, semble se replier sur elle-même ou au contraire se déplier selon l'activité qu'on lui consacre. Le nouveau voisin n'écoute pas forcément, monsieur Henri prend des notes. En journée ça lui arrive de dormir, plutôt de s'assoupir, mais seul, à toute heure, après avoir poursuivi une idée. Quelle idée ? Une manière de poursuivre une idée longtemps est d'écrire un roman. On dirait qu'ainsi allongé sans vraiment dormir il s'ennuie alors qu'en fait il s'occupe intensément, ses yeux fixent un coin de ciel, se ferment, et tout le corps se remet à bouger et à se relever au bout d'une heure. Il a entendu le bourdonnement d'un insecte, le claquement d'aile d'un papillon. Il s'est souvenu d'avoir été étonné par une mouche en train de voler dans la camionnette elle-même en train de rouler. La mouche bouge dans un volume qui bouge. Tout le monde bougeait-il dans le même sens ? De même si on marche dans une camionnette en marche, arrive-t-on plus vite à destination ?

Il imagine sa place dans le monde à un instant donné, dans sa camionnette à l'arrêt d'abord, la camionnette dans un espace restreint, l'espace autour de la camionnette compris dans un nouvel espace et ainsi de suite en élargissant jusqu'au monde entier. Cela lui permet de rester en connexion avec lui-même, le passé, le présent, l'avenir, les gens de la Terre qu'il imagine car il n'en voit pas beaucoup. L'auraient-ils désertée ? Nul ne parle la même langue, ne pratique la même culture, religion. Il faudrait aller voir, s'interroger sur le sens de ces mots (religion). Parler avec les êtres, tous non car les peuples sont coupés les uns des autres par des obstacles naturels et de longues distances, mais certains. Pour l'instant il ne connaît personne. Juste le docteur et le nouveau voisin. Justement le docteur a prévu de rencontrer des moines. Ils ne sont pas très loquaces mais c'est déjà ça.

Quand il fait trop froid ou que le temps est mauvais, on dîne dans la camionnette ou au restaurant, c'est une autre ambiance qui s'installe. Ça leur arrive de passer la nuit dans un gîte d'étape, chambre d'hôte, auberge de vieillesse : même s'il observe tout, y compris les gens quand il y en a, monsieur Henri reste en retrait du contact humain ; il n'interroge pas, se contente de regarder les comportements, peut-être par peur, timidité ou pour une autre raison.

Mer, campagne, paysages, tout cela ne serait pas possible sans l'appui logistique et à distance de la gouvernante. Elle envoie des textos sur le téléphone du nouveau voisin qui envoie des photos. Elle se connecte à des sites Internet, réserve, conseille, supervise, passe des coups de fil. Fait ce qu'elle peut pour que tout se déroule au mieux même si l'équipe, on l'a déjà dit, improvise, ne la prévient pas d'un changement de dernière minute.

Au début monsieur Henri fait livrer des cartes postales sans trop en dire sur son périple. Il conserve ses conclusions pour lui. Il les écrit sur un cahier distinct de son carnet, elles consistent en phrases brèves sur la vie. Les cartes s'espacent, un jour la gouvernante reçoit une lettre du docteur adressée à monsieur Henri, elle n'a pas trop compris.

L'éventualité de repasser lui dire au revoir avant de poursuivre le voyage n'est pas exclue, après avoir quitté la mer au nord monsieur Henri longe l'océan à l'ouest ou c'est peut-être l'inverse, on est à quelques kilomètres d'une côte à l'intérieur des terres et ça se pourrait selon le docteur qui tient sa carte à l'envers que la Bretagne ne soit pas loin. On fait un détour pour voir l'océan qui ressemble à la mer, peut-être que la première fois on a pris l'océan pour la mer, ce jour-ci en plus agité.

On retourne dans les terres. On retourne à la maison parce que monsieur Henri a besoin de retrouver un lieu intime. Disons qu'en roulant, à un moment, on tombe sur la maison et monsieur Henri n'est pas mécontent. Il reste dans le jardin, regarde sa maison longtemps pour qu'elle s'imprime dans son cerveau, retourne à sa couchette et regarde la photographie de sa maison. Le modèle est identique à l'original. Donc en regardant la photo de sa maison c'est comme si monsieur Henri se trouvait dans son jardin. À partir du moment où il comprit cela, la distance a commencé à lui faire moins peur, il a senti qu'il pouvait bel et bien prendre son envol, à quelques défaillances près.

Ça tombe bien parce que assez vite après le nouveau et définitif départ du lendemain quatorze heures les environs changent, l'écart se creuse, les rivages probablement s'estompent et disparaissent : longues courbes à droite, à gauche, champ de blé vert, colza, regard qui plonge vers de larges vallées, horizon faiblement découpé mais découpé quand même, petite déclivité, côte, pente, fossé. Soleil qui tape de plus en plus fort sur la carlingue (heureusement on est protégé). Arbres d'un vert tendre. Beau ciel profond. On passe les régions sans s'en rendre compte par une sorte de fondu enchaîné géographique. Monsieur Henri dort. C'est la meilleure chose qui puisse lui arriver quand le décor change. À son réveil il se rend compte que plus rien n'est à sa place dehors mais il ne panique pas car la photo de sa maison est là, l'ameublement de sa cabine lui rappelle sa chambre. Ils sont toujours en train de rouler. C'est aéré. Régénérant. Monsieur Henri est bien.

Après une journée entière de route voici l'abbaye de Croire en Champagne. La Champagne n'a de Champagne que le nom, c'est pour la beauté de la phrase.

La porte arrière transversale du véhicule à l'arrêt coulisse et laisse apercevoir une partie d'un mur en belles pierres qui court dans la largeur du parking. Tous les parkings ne se ressemblent pas et il y a plusieurs sortes de moines en général. Celui-là est vaste et poussiéreux, sans arbres, ces moines portent la robe noire sous une autre blanche, moins large, courte, sans manches. Et parfois la barbe. Les arbres poussent de l'autre côté du mur. C'est là que se trouvent les bâtiments de l'abbaye à l'orée d'un parc : bibliothèque, magasin, hall d'accueil, bâtiment en rénovation, hôtellerie, annexe de l'hôtellerie, église. Dissimulés à la vue : cloître, réfectoire, cellules des moines au-dessus du réfectoire. Le tout datant du début du vingtième siècle.

En passant les hautes portes de la propriété monsieur Henri doute : que fait-il là, quel est cet endroit, où est-il. Ont-ils bien fait de venir. Le lieu est arrangé avec goût mais trop sagement pour qui recherche comme il l'espérerait l'exaltation de l'aventure, l'improvisation de l'inconnu, l'ivresse des fuites.

Il a ouvert le coffre de toit pour toucher ses cordes d'escalade en sachant que ce n'est pas là qu'il les utilisera. Avant de sortir de la camionnette, il a demandé au nouveau voisin d'acheter une carte postale du monastère et a comparé la reproduction avec celle de sa maison (il a accroché la carte postale à côté de la photo de sa maison). Une bonne vingtaine de minutes plus tard il est capable de sortir et de s'intéresser au lieu. Il se dit qu'il est toujours chez lui mais qu'on y a fait venir des moines pour lui tenir compagnie et construire un monastère dont la vue le satisfait (c'est un bel édifice, comparable à une colline en pierre dans laquelle on aurait taillé des angles droits, obtenu des angles obtus, percé des ouvertures).

Le médecin compte y rester une semaine. Il voit là une étape importante dans la construction de son patient, un palier de décompression avant de plus grandes distances encore. Monsieur Henri s'oppose rarement aux intentions du docteur, mais quand il s'exprime tous se plient à sa volonté ; on ne saurait se prononcer sur lequel des trois est le chef, chacun faisant autorité à sa manière, le nouveau voisin se laissant davantage porter que les autres (pour dire la vérité le nouveau voisin cherche une nouvelle maison, une nouvelle région où déménager, le voyage lui permet de prospecter l'air de rien). Monsieur Henri s'arrange de n'importe quoi, retire d'une banale expérience beaucoup de richesse.

Il voudrait se plonger dans le regard de quelqu'un. Depuis plusieurs jours son objet d'étude concerne l'humain. Sur la plage déjà il a observé les rares baigneurs en ces jours de semaine hors saison et ceux qui marchaient sur la côte ou s'allongeaient dans le sable. Le lieu restait souvent désert, le seul baigneur étant aussi celui qui s'allongeait puis marchait pour partir. Il devenait de plus en plus petit. L'observation se faisait de loin. Accompagnant les adultes, des enfants ont traversé son champ d'étude. C'étaient des êtres de petites tailles, à la voix haut perchée et aux manières vives. Certains communiquaient intelligiblement, les plus jeunes autrement. Monsieur Henri s'est pris d'affection pour eux, décelant dans leur comportement une forme d'innocence qu'il éprouvait en lui. Il n'entendait pas chaque conversation, des scènes échappaient à son attention mais les enfants firent bonne impression. Peut-être en avait-il lui-même.

Ayant peu de femmes à sa disposition au monastère, il va se concentrer sur les hommes. L'aspect vestimentaire est évacué, passons au reste : conscience, sentiments, rapport entre l'allure d'une personne et ses intentions secrètes. Générosité. Cruauté. Limites de l'humanité et de l'animalité. Les moines sourient en permanence. Ils sourient avec leurs yeux, leur bouche, les traits de leur visage, leurs mains ouvertes, leurs épaules offertes. Ils sont facilement abordables quand ils marchent sur l'allée de gravier blanc (comme chez monsieur Henri) qui mène à l'église ou au hall d'accueil. Sous un sycomore à double tronc monsieur Henri aborde deux jeunes novices. L'un des deux est plus vieux qu'il ne le paraît, ça se voit à ses sourcils broussailleux. Frère Roger les rejoint. Il est aussi prêtre donc on peut dire père Roger. Ou mon père. Il s'appelle en réalité

Raymond. Dans trente minutes ils se joindront au chœur pour chanter l'office des vêpres. Ils ont déjà commencé à s'éclaircir la voix. Monsieur Henri sera assis sur un banc de l'église et les voix entreront en résonance avec sa sensibilité. Il trouvera l'air et le son beaux. Se laissera transporter par l'imagination dans un élan de légèreté et de gravité où les sentiments sont exacerbés. C'est ainsi que presque seul dans la nef presque vide il se posera la question de l'existence de Dieu, d'un seul ou de plusieurs dieux, paganisme, chamanisme, quelle religion est la bonne, qui croire, quoi croire, historiquement Jésus-Christ a vraiment existé. La fin des chants laisse place à un silence lourd, plus silencieux que le plus profond des silences et il ressort de l'obscurité un peu préoccupé. Le docteur l'invite à prendre ses quartiers dans la chambre réservée et à rejoindre les retraitants pour le dîner.

Depuis un lit simple dans une pièce confortable, monsieur Henri voit le cadre de la fenêtre, les feuilles d'un chêne à travers la fenêtre, un bureau, une chaise, lampe, table de chevet, un crucifix. Il réfléchit. Se sent à la fois isolé et entouré. Car les moines forment une communauté. Le lendemain se portera mieux. Au début c'est toujours dur à avaler toute cette immensité intériorisée.

Profitant du calme et des longues journées sans activité de son patient qui lui-même en profite pour marcher plus lentement que d'habitude, faire le tour du parc en s'arrêtant devant un arbre sur trois, dans un sens puis dans l'autre, suivre la course d'un écureuil, ramasser un gland, une pomme de pin, couper à travers le poulailler, le potager, le verger, rendre visite à la fabrique de céramique, rondoyer une vache, le docteur intensifie le rythme de ses cours, l'après-midi mais aussi le matin. Documents à l'appui, il y parle de guerre, de paix, de bien et de mal. D'architecture aussi (monsieur Henri réagit favorablement au vocabulaire – banche, voile, solive, moellon, panneresse, boutisse, parement, appareillage).

Assis en face l'un de l'autre dans un parloir du rez-de-chaussée, on fait un bref récapitulatif de l'histoire des religions depuis le Moyen Âge, des grands moments de l'histoire du monde de l'Antiquité à nos jours. On se concentre sur la Bible, le Coran, la Torah. Le docteur apprend à monsieur Henri à tuer un moustique, à enfermer un diptère sous un verre. Monsieur Henri s'y refuse.

Tout comme il refuse d'abréger la vie d'une coccinelle pour le plaisir d'abréger, d'aplatir un moucheron, de couper un ver. Il ne veut de mal à qui que ce soit, encore moins infliger la mort. Toute créature est vivante, n'importe quelle feuille. Sous la pluie il marche de travers pour éviter les escargots. Il n'ose parfois pas circuler dans l'herbe pour ne pas la fouler et à cause de ce qui bat entre les brins. Il le devine : quelque part loin d'ici le ciel est chargé du tonnerre des armes, de l'éclair des détonations. Il y a des femmes et des enfants en pleurs. Des soldats qui ont peur. Il imagine très bien la violence. Nul besoin de la vivre pour la soupçonner. Une stratégie politique permet d'envahir un territoire. Des enjeux de pouvoir anéantissent l'âme. L'essentiel lui échappe. Est-il trop bon pour ce monde ou est-ce le monde qui est trop violent ? Un moine l'incite à remercier Dieu de la situation actuelle du pays, monsieur Henri qui a lu le journal lui oppose les conflits internes et les déchirures sociales, la guerre civile qui menace, le mécontentement des gens, les combats intérieurs. Le moine avance alors que la paix totale n'existe qu'au paradis. Monsieur Henri cherche des explications sur le paradis. C'est la première fois qu'il s'exprime aussi longtemps avec un inconnu. Frère Roger arrive, personne ne l'entend venir. L'autre moine n'est pas du genre à sursauter, on les imagine mal être nerveux. Tous agissent avec lenteur. À les voir ainsi chuchoter, s'interpeller doucement, on peut penser qu'ils dorment à moitié ou sont bibliothécaires. Mais frère Roger est débordé. Sa montre est plus large que celles des autres, aucun n'en porte pas. Une fonction précise dans la collectivité leur est assignée, avec les heures de prières ça finit par faire une activité bien chargée, sans parler des confessions pour certains et rendez-vous avec les laïcs. Ils ne dorment pas suffisamment, des cernes se dessinent sous leurs yeux, ne sortent pas beaucoup non plus sauf pour s'occuper à tour de rôle du jardin ou s'asseoir sur une chaise en plastique sous les tilleuls qu'on retourne après usage s'il va pleuvoir, donc ils sont un peu blancs. Mais ils vivent longtemps. Frère Roger a presque quatre-vingt-dix ans. Pense-t-il à la mort plus souvent ? Penser à la mort aide-t-il à mieux prier ?

Monsieur Henri s'essaye à la prière. Il ne sait pas à qui ni comment s'adresser, est-ce qu'il faut dire vous. Quand il pose une question personne ne répond. Il y a l'oraison récitée et celle plus intime, quand on cherche au-dedans de soi un interlocuteur. Il y a l'oraison orale et silencieuse. Monsieur Henri lit un psaume, une antienne. Qu'entendez-vous par trente-sixième dimanche du temps ordinaire ? Propitiatoire ? Transsubstantiation ? Prières pour les causes difficiles ? Il arpente la salle en se représentant un océan de sable : traversée du désert avec pour seule nourriture la prière. S'adresser à un être supérieur est commun à toutes les religions. Est-ce que les prières tombent dans la même oreille à la fin ? N'y aurait-il pas qu'un seul dieu, auquel cas la religion serait affaire de langue, culture, interprétation ? Chaleur. Soif. La prière ne fait pas tout, ce n'est pourtant pas ce que disent les moines. Certains ont vécu dans des grottes. Mangé des sauterelles. Monsieur Henri manque encore d'entraînement. Quelque chose lui échappe dans ces replis tournés vers l'au-delà. Il est sceptique et admiratif à la fois. Aspect positif : le calme du monastère, la nature, la tranquillité des journées qui s'écoulent, la possibilité de se reposer, contempler, dessiner, lire. Aspect négatif : les horaires marqués, l'accumulation des rituels, la durée des messes (une heure et demie).

Un événement vient bousculer l'ordre établi. Frère Cyrille n'en finit pas de marcher vite dans le hall d'accueil. Le frottement de sa robe contre ses jambes émet un bruit d'homme vif, énergique, pas encore tout à fait stressé. Il entre et sort par la grande porte qui mène à l'intérieur du monastère et dont il détient la clé. Cette clé ouvre toutes les portes. Chaque moine en possède une. Il cherche frère Eugène-Marie de l'Enfant Jésus ou n'importe qui d'autre capable de lui donner l'information souhaitée. Un homme ivre tente de pénétrer dans le bâtiment. Il frappe à la vitre mais le battant ne cède pas. Il dit qu'il veut leur péter la gueule, qu'ils sont une bande de sales connards et qu'il va défoncer la porte si on ne lui donne pas du pinard. C'est à propos de lui que frère Cyrille, bientôt entouré de frère Rodrigue et du père abbé, s'active. Monsieur Henri a été enfermé à cause de l'heure tardive à l'intérieur du bâtiment avec les moines parce qu'il choisissait une carte postale dans un coin où personne ne le voyait, et l'homme a commencé à frapper à l'extérieur juste après la fermeture. Le père abbé est très gentil. Il se prénomme Emmanuel. Il ne s'inquiète pas. Frère Rodrigue sourit, donc rien de grave. On appelle la police qui se chargera d'éloigner le perturbateur. Finalement monsieur Henri s'en retourne par une porte de secours qu'on lui indique et les moines ratent leur office.

Une autre fois monsieur Henri entend quatre coups rapprochés frappés à la porte de sa chambre vers quatre heures du matin. La pleine lune éclaire l'intérieur de la pièce dont les rideaux n'ont pas été tirés et monsieur Henri aperçoit son cahier sur la table. Avant de se coucher, il était justement en train de noter ce qu'il ferait si un moine débarquait à l'improviste avec une valise pour lui demander de l'emmener loin du monastère, de le faire disparaître sans laisser d'adresse. Il accepterait de bon cœur non sans poser beaucoup de questions mais le moine ne s'expliquerait pas. Une histoire d'amour se cacherait-elle derrière cette évasion ? Ou d'argent, de trafic de billets ? On ne quitte pas un monastère comme on s'évade d'une prison. Personne ne vous y retient. Il se lève, ouvre la porte mais ne perçoit que le vent et des ombres dans le couloir.

Son séjour l'amène à s'interroger sur d'autres aspects de la vie, notamment celui du bonheur. Il réduit ses déplacements pendant une semaine et la retraite rappelle le temps passé dans sa maison à découvrir ce qui l'entourait. C'est ce qu'il continue à faire en voyage mais la maison bouge. L'amour traverse le cœur des moines qui pourtant n'ont pas de femme. Ils ont l'air heureux. Peut-on être heureux sans amour à donner ni à recevoir ? Sans dieu ? Le bonheur est-il individuel, méditatif, poétique ?

Monsieur Henri se sent libre, pas angoissé, excité à l'idée de tout ce qu'il entreprend dans sa quête de sens. Le monastère semble être devenu sa deuxième maison et il a presque oublié la sienne. Ses longues promenades autour du parc lui suffisent. Il cherche à profiter de chaque instant pour tout comprendre de ce qui se passe au moment où ça se passe. Ce parc n'est pas comme le sien, il est plus grand. Tout comme le sien, au bout d'une semaine il finit par en faire le tour et par l'avoir presque entièrement découvert. Tout comme chez lui, il finit par avoir envie d'explorer au-delà du parc. La tentation du départ le saisit à nouveau et il finit par prendre congé des moines. Le médecin avait raison, cet arrêt lui a fait du bien, l'a structuré tout en le dépaysant. Donc pas besoin de revenir à la maison, on peut repartir directement.

Le retour à la vie est brutal, il y a du monde sur les routes, le bord des routes, dans les voitures, sur les chemins, on ne sait plus comment trouver sa place dans le système alors on enfile les tangentes. Monsieur Henri n'a jamais vu autant de gens à la fois. Le choc est encore plus brutal à l'approche de ce que le docteur a décidé qu'on visiterait : une ville.

D'abord une petite, sans s'arrêter. La camionnette s'engage dans des rues étroites. Avec la caravane il faut s'y reprendre à trois fois pour tourner. On évite un sens interdit. On passe par la route principale. Mairie. Cimetière. Calvaire. Parc. Pont. Commerces. Lampadaires. Bacs à fleurs en haut des lampadaires. Carrefours giratoires. Monsieur Henri jauge les rideaux aux fenêtres des appartements, les plantes en pots aux balcons. Les maisons sont collées aux autres maisons. Il s'invente la vie des habitants à l'intérieur. Qu'est-ce que ça fait de vivre avec autant de personnes autour de soi, au-dessus, en dessous ? C'est pire avec les hauts immeubles et les grandes villes. Angers. Tours. Blois. Rouen. Dijon. Nancy. À Paris monsieur

Henri est perdu. Il y a plusieurs mairies. Trop de piétons, voitures, circulation. Beaucoup de bruit. Trop de tout. Les arbres poussent dans le bitume. On trouve une place au troisième niveau d'un souterrain sans ascenseur en état de marche. Le terrain offre cependant une bonne plateforme d'observation pour l'étude de mœurs : dans les bars, sur les bancs publics, dans l'autobus. Il assiste aux événements qui ont lieu sous ses yeux. Il peut rester deux heures devant une rue animée ou un distributeur de friandises dans un hall de gare (Montparnasse). Parfois il s'adonne à cette activité en bougeant. Monsieur Henri apprécie l'autobus. Il emprunte la ligne quatre-vingt-quinze, s'assoit derrière le chauffeur. Le long véhicule avance lentement, vire et se déplie comme un accordéon, s'arrête souvent. Les passagers montent, descendent. Le conducteur dit bonjour. On passe sur un pont qui enjambe la Seine. La tour Eiffel s'aperçoit. L'Opéra nous fait face. L'agitation citadine aurait tendance à le rendre nerveux, insomniaque car il ne veut rien lâcher, tout regarder, tout imprégner. Il y a beaucoup de gens sur les trottoirs. Il décortique chaque passant, la façon dont il marche, ce qu'il fait, son apparence vestimentaire mais le rythme est trop rapide. Il n'a pas le temps par exemple de croiser tous les regards, de lire la personnalité à travers les yeux. Et puis certains ont le regard fermé et le cœur ouvert. Il y a aussi des passants qui traversent les rues hors de sa portée, des conducteurs dans les voitures, plusieurs sortes de voitures. Ça lui vaut une petite crise de panique bien gérée, heureusement maîtrisée par un médicament.

À Paris encore plus qu'ailleurs les scènes sont simultanées. Il faut apprendre à se concentrer sur un seul événement, à s'isoler dans la foule, rester calme. Certains noms de rues permettent de connaître l'existence de personnes célèbres, de se renseigner sur elles. Dans le même ordre d'idées, en fréquentant les bibliothèques monsieur Henri se penche sur l'histoire de France, les rois, les reines, cherche à savoir comment est constituée une ville, qu'est-ce qu'une municipalité. Ce qu'il aime dans les bibliothèques : le parquet qui grince, l'odeur du papier, les tables pour se mettre sous une lampe à l'intensité idéale avec de la documentation. La politique le dépasse mais il cherche tout de même à comprendre. Il entend des adjoints au maire parler d'éducation, de gestion, d'économie participative – monsieur Henri dort debout. Plus concrètement il aimerait savoir comment naît une ville, sur quoi elle tient, qui la construit. Est-ce vrai que Dubaï est un ancien désert ? Qu'y avait-il avant Paris, Lutèce ? Une immense clairière ? Monsieur Henri tente de redonner vie à la campagne. Peut-être qu'il se tient sur un ancien olivier vénéré pour son âge, là où volaient des papillons. Il n'y a aucun papillon à Paris. Et pas beaucoup d'abeilles non plus, de bourdons. C'est au nombre d'insectes visibles au ras de l'herbe dans un rayon de soleil après la pluie que monsieur Henri mesure la densité de la vie. Au jardin des Plantes si, et les arbres sont remarquables. Monsieur Henri y reste sur un banc à l'ombre d'un platane tricentenaire. Il est allé voir le pistachier planté par Sébastien Vaillant vers mille sept cent – le modèle aurait révolutionné la sexualité des végétaux. Un cèdre a été rapporté dans un chapeau et les fougères arborescentes des hautes serres transportent le visiteur sous des cieux exotiques. Les animaux empaillés tétanisent de réalisme, il a particulièrement aimé la flamboyance des insectes sous vitrine, une feuille fossilisée vieille de deux cent cinquante millions d'années et la bande-son qui reproduit les effets d'un orage tropical. Par contre les cristaux géants le laissent de marbre, sans doute à cause de l'éclairage artificiel défectueux ce jour-là.

Quand il ressort, submergé par tant de confluences scientifique, historique et esthétique il ne sait plus où il est, ses jambes tremblent et il chancelle contre une poubelle. Dans la rue, la pollution obscurcit le ciel déjà pas bien grand, coincé dans une bande entre deux blocs de bâtiments qui ne laissera jamais voir un coucher de soleil. Un masque à oxygène serait nécessaire pour respirer mais la montagne est loin. Bordeaux est plus aéré. Sans métro. Rien ne vaut un détour, trop court, par le Mont-Saint-Michel et les plages du Débarquement – vive le vent – après de nombreux allers-retours entre des coins opposés de la France, transits éprouvants et sans logique au cours desquels monsieur Henri aura eu besoin de se repérer plusieurs fois sur la carte, s'y accrochant comme un baigneur à la perche du maître nageur, ou totalement déboussolé dans un monde qui le dépasse. Il implorait alors le docteur de le ramener chez lui, ce qu'ils commençaient à faire avant que monsieur Henri se calme et que finalement on profite de l'endroit pour continuer à se promener – en plus c'est trop bête on approche du cœur du voyage : l'équipe aborde une région de volcans où monsieur Henri compte se refaire une santé.

V

Des volcans il en existe en Alsace et quelques restes en Bretagne mais monsieur Henri se fiche du lieu tant qu'il sent une énergie. Là, ce serait l'Auvergne que ça ne m'étonnerait pas. Le docteur abonde dans ce sens. L'espace lui a manqué. Et les volcans, surtout. Ceux qu'il aperçoit sont moins fascinants que ceux du mont Katmaï mais pour un passionné, un volcan reste un volcan et il faut bien commencer par quelque chose.

Malgré ses crises, monsieur Henri s'habitue au voyage. Quand il demande de revenir chez lui, la demande dure moins longtemps. Il continue de regarder la photo de sa maison mais il sait que le périple ne sera pas éternel. Le voyage dure depuis deux semaines et on estime le restant du séjour à encore deux semaines tout au plus, le docteur jugeant qu'il ne faut pas trop jouer avec l'équilibre psychologique de monsieur Henri.

Afin de bien se représenter le temps qui passe et qui arrive, monsieur Henri coche des cases sur un calendrier, consulte sa montre assez souvent qu'il porte au poignet ou dans sa poche et a besoin de connaître la date en permanence. Hier, d'une cabine téléphonique (la seule peut-être encore en service) il a appelé la gouvernante. Il a dit qu'ils s'approchaient des volcans et elle a été contente. En disant cela monsieur Henri s'est demandé si ce n'était pas plutôt les volcans qui venaient à lui.

On consomme beaucoup d'essence. La camionnette avait déjà pas mal de kilomètres au compteur avant le jour du départ, on le sait, elle pousse dans les côtes comme un animal fourbu. La vitesse de croisière moyenne est de quatre-vingts kilomètres-heure, ce qui est tout à fait suffisant pour bien profiter de la vue et réaliser qu'on change d'endroit. Monsieur Henri a essayé de ne rien rater de ces changements du paysage en cherchant à bien remarquer le moment où ça changeait un petit peu et où à un autre ça devenait méconnaissable. Mais il y a un moment, toujours, où ce n'est plus possible de remarquer quoi que ce soit. Le changement se fait par ruptures. Il faut alors se laisser porter, fermer les yeux, respirer pleinement et penser à des racines qui s'enfoncent dans le sol.

Le bruit à l'intérieur du véhicule est assez assourdissant. Les membres de l'équipe sont fatigués. Il y a eu des tensions. La ville a éprouvé monsieur Henri à cause de la frénésie ambiante. On a dormi à l'hôtel. Le nouveau voisin est toujours en train de chercher une nouvelle région pour s'installer. Il consulte les annonces immobilières, sera toujours le nouveau voisin de quelqu'un. Dans les villes plus petites, dormir dans la caravane suffisait, les places pour se garer ne manquaient pas. Monsieur Henri passe la nuit dans la camionnette ou seul dans la caravane (en intervertissant les couchages). Il déplace alors avec lui les objets de sa table de nuit et quelques affiches au mur.

Maintenant que monsieur Henri était définitivement sorti de chez lui et du monastère pour prendre des forces avant la suite, il progressait à l'horizontale, comme s'il marchait dans son jardin mais plus vite, en roulant, et dans un jardin plus grand, peuplé de gens, de fleurs, d'animaux inconnus, parfois connus à force d'en croiser (chiens errants, chats), en compagnie de deux personnes à qui il parlait, qui lui parlaient et qu'il reconnaissait chaque jour comme étant les mêmes individus que la veille mais dont on était en droit de se demander si elles existaient vraiment tant parfois elles s'effaçaient derrière le personnage principal – en fin de compte pas tant que ça. Question légitime : a-t-il réellement quitté son jardin ? Autre question : l'endroit où il évolue ne fait-il pas encore partie de son jardin ? En ce cas, la Terre ne serait qu'un immense jardin privé pour tous (le sujet a déjà été soulevé). Il souhaite à présent prendre de la hauteur, découvrir l'altitude par lui-même et donc sans l'aide d'une échelle, d'un ascenseur, d'une montgolfière (bien que ça devienne la spécificité de la région) ou d'un avion qui coûterait trop cher pour cette mission, le rendrait mal à l'aise à cause des turbulences et du vide auquel il devra s'habituer s'il veut partir, comme prévu lors de la prochaine expédition, en Alaska dans sa vallée des Dix Mille Fumées et même encore plus loin puisque tel est son désir : conquérir le monde, parcourir les océans en trouvant une solution contre le mal de mer et sa peur de l'eau (peur de couler, bruit du moteur, seul au milieu de nulle part, le grand large, odeur), traverser les forêts à insectes, sonder les continents tendus de pièges, descendre dans les gouffres en quête de connaissances toujours plus profondes – s'enfoncer étant une façon de monter à l'envers.

On le voit bien : il endurcit son corps et son esprit aux rudesses de l'aventure, il s'habitue aux péripéties. À part l'activité physique de base consistant à se rendre d'un point à un autre sur un plan relativement droit par le chemin le plus rapide pour observer un phénomène, faire le tour d'un site, répondre à l'appel d'un tiers en allant à sa rencontre, rien ne fait de lui un sportif jusqu'à présent, tout juste quelqu'un de normal qui sait se tenir debout et avancer sans tomber. Aussi à la vue de l'horizon qui ondule déjà sur l'A71 avant Clermont-Ferrand en direction des volcans sent-il monter en lui le désir de se mesurer aux sommets à venir que le parc dissimule encore, et donc de reprendre l'entraînement qu'il avait commencé dans son jardin avant de partir.

Il fait des pompes au pied de son lit et sautille sur place à l'arrière du véhicule qui ne s'est pas arrêté mais par contre cessons de sauter à cause des suspensions merci. Il se colle à la fenêtre et son souffle rapide crée de la buée sur les vitres. Il regarde le paysage. C'est beau. C'est d'abord de faibles pentes et côtes, collines, puis la vue des angles ouverts et du terrain qui s'incline, des hypoténuses raides et la robe verte des puys qui se dessine. À l'ouest, des nuages gris foncé en contre-jour se confondent avec la masse des reliefs devinée moins haute, plus écrasée – une grosse montagne serait-elle venue se jucher là ?

L'aire d'autoroute des volcans d'Auvergne (l'appellation inscrite sur un panneau confirme la déclaration du docteur) offre un panorama sur la région : volcans au loin qui s'épanouissent de part et d'autre de la plaine de la Limagne, flèches indiquant la direction du Mont-Blanc, Grenoble, Lyon, Madagascar. Monsieur Henri fait le tour du restoroute en courant et pour habituer le cœur à l'effort prévoit trente minutes de marche rapide par jour avant les excursions, suivie d'un footing de quinze. Au bout de deux se fatigue et abandonne à la troisième. Rien n'oblige à tant d'exercice pour rester en forme, le repos peut être une façon de se préserver et d'aller bien. Il privilégiera la marche tonique, moins traumatisante. Poursuit ses pompes et ses tractions sur l'aire de jeux en vue du matériel à porter lors des ascensions. D'un point de vue psychomoteur l'âge ne semble pas avoir de prise sur lui. À tout le moins monsieur Henri ne se sent-il pas vieux. Certes quand il marche même sans vouloir aller vite il s'active rapidement sur une courte distance mais son métabolisme élevé brûle les calories tout de suite et le laisse sans force. Le reste du temps il fait tout très lentement, par exemple ne sort jamais le matin, se réveille doucement, économise ses yeux qui le brûlent s'il les expose trop vite à la lumière du jour, reste dans la pénombre de la camionnette ou de la caravane à trier ses notes, relire ses carnets, consulter des guides, faire le point sur l'endroit où il est, ce qu'il a vécu jusqu'à maintenant, ce qu'il va vivre encore, à démêler les rêves de la nuit – monsieur Henri rêve beaucoup, parfois ses rêves se mélangent avec le quotidien et il ne sait plus ce qu'il a rêvé ou vu. Vers midi il sort prendre l'air, compose un herbier, écoute les oiseaux, en nomme certains, se trompe, confond les espèces car il n'a pas le bon livre sous la main, se promet d'apprendre un jour le solfège pour retranscrire la mélodie de leur chant, au retour c'est le repas collectif et il repart pour une sieste jusqu'à quinze heures. La journée commence alors vraiment, il se couchera tard et se sera informé de la destination du lendemain s'ils sont en transit.

Le regain d'intérêt pour les volcans est concomitant de l'influx d'énergie dans l'esprit et le corps de monsieur Henri. Leur proximité réveille une passion endormie et théorique : monsieur Henri s'est contenté d'étudier le sujet chez lui sur papier, dans des textes, face à des schémas et, ce qu'il affectionnait car il s'y projetait, à des illustrations parfois très réalistes de livres (photographies, dessins en noir et blanc ou couleurs) jamais totalement réelles comme ça allait être le cas maintenant, monsieur Henri le pressent. Le magma il l'entend gronder sous les roues de la camionnette à l'approche de l'épicentre du parc, dans son sang et sa tête, son ventre, l'envie d'éructer il la contient à son tour, de hurler, de répandre des kilomètres de bave autour de lui.

D'où : son énergie. D'où : sa gaieté aussi, car il a toujours été gai, mais là particulièrement. Plus que de la gaieté : de la passion, le retour d'une nature profonde, instinctive, faisant de lui un être sans soucis, léger et puissant, que rien n'arrête, prêt à n'importe quoi dans la course pour ses rêves. Il reste enfant : tout est possible, rien n'est impossible – place à l'action. Regardez-moi ses bras qui se libèrent, les gestes s'assurent, les mouvements se précipitent, les jambes souhaitent en découdre avec la déclivité, les genoux, les yeux traversent les apparences ; il est le même mais en plus vif, plus intense. Ce changement d'état il l'associe aux volcans mais ça peut venir d'ailleurs, de l'air, l'espace, du sol, sous-sol, un arbre qu'il aurait croisé, les teintes du paysage qui caressent son âme, le vent – aussi le fait d'être à la moitié de son voyage et qu'il faudrait commencer à en profiter : à croire que la chaîne pas très haute marque une frontière entre ce qu'il attendait et ce qu'il se sent capable de réaliser.

Il a l'impression de se transformer en volcan sur le point d'exploser. Les réflexes d'apprenti explorateur reviennent. Il se redresse, hausse le menton, bombe le torse. Le docteur et le nouveau voisin sont sous sa responsabilité, il en mesure l'étendue. Il croit que c'est lui qui guide, conseille, indique sur la carte où se rendre, la route à prendre, tourner à gauche, suivre telle indication ou tel pic, s'en remettre à la lecture du ciel.

On marche sur la pente faible d'un volcan bouclier qui s'étend sur de nombreux kilomètres, ressemble à une grosse carapace de tortue et n'apparaît sur aucun plan ou alors très au sud. La marche ne demande pas plus d'efforts que d'avancer sur du faux plat et pour un début c'est un début facile. Aucun des trois n'a l'impression d'être sur quoi que ce soit de remarquable.

L'ascension suivante de ce que le docteur nomme le puy de Dôme (pas d'autre choix que de le croire) via le chemin des muletiers ne dure que trois quarts d'heure, mais il a fallu attendre deux heures que monsieur Henri commence à se mettre en mouvement. Ému de se trouver enfin dans un environnement volcanique qui ressemble à un environnement volcanique (un sommet se faisait sentir au terme d'une pente qui avait l'air assez prononcée) il s'est allongé sur le sol du parking afin de capter les vibrations endormies du site sous son corps. Il roule entre ses doigts un gravier en le prenant pour un morceau de lave froide. Puis il a observé chaque détail du ciel, des arbres, des roches en y trouvant forcément une particularité liée à la présence des volcans, ce qu'il continuera à faire en montant avec un spectromètre hors fonction mais qui indique l'heure. À l'aide d'un rouleau en carton de papier toilette et d'une cuillère il fabrique un inclinomètre – le rouleau s'affaisse, la cuillère est déséquilibrée, au revoir l'inclinomètre. Le degré de la pente s'évalue alors à vue de nez : trente-quatre. Il y a des bancs tous les cinquante mètres et, à l'ombre des arbres, des encadrés touristiques dont monsieur Henri ne manque pas de reporter certaines informations dans son carnet, utiles pour la suite du périple, à des fins culturelles ou personnelles.

Le nouveau voisin prend des photos avec son téléphone qui est le seul téléphone du groupe et ne reçoit pas d'appels, seulement des MMS et SMS. Au cliché instantané monsieur Henri préfère décidément le dessin, plus lent mais complet, permettant de mieux pénétrer l'âme du modèle. Le problème est qu'il dessine mal, donc il eût mieux valu un bon appareil. Que faisaient ceux qui n'avaient pas de talent quand la photo n'existait pas ?

Une seule gourde est nécessaire pour tous, la terre tient sous les pieds, pas de glissement de terrain et en arrivant au sommet possibilité de boire un verre de soda, s'asseoir sur l'herbe sèche, admirer le paysage.

La descente par le même itinéraire jusqu'au parking prend moins de temps qu'à l'aller, on croise des promeneurs qui montent, des familles enthousiasmées par le grand air et que monsieur Henri ne remarque même pas, pourtant la côte est raide et monsieur Henri s'enorgueillit des trois cent cinquante-quatre mètres de hauteur conquis depuis le parking. C'est son premier sommet. Grimper lui donne envie de grandir, de se développer, d'être meilleur que ce qu'il est. En haut il a eu l'impression d'être le roi du monde, de dominer l'univers, d'être prêt à gravir d'autres sommets, un pas devant l'autre. Il aurait planté un drapeau ou une tente s'il en avait eu mais cette dernière reste dans le coffre de toit.

Il s'est assis en tailleur, a regardé les nuages qui ne sont pas là, le vide du ciel qui se propose à lui, pense à la chute dans l'atmosphère si l'attraction terrestre s'inversait ; en sentant le sol dur sous lui il se rassérène, se relève. Maintenant il prend conscience de ce qui se trouve en dessous de lui, il se souvient que des volcans plus grands existent et il met sa main en visière sur son front pour tenter de les apercevoir. Les plus hauts demeurent invisibles, ici ou ailleurs. Il prend le scintillement d'un lac – ou les éclats d'un pare-brise de voiture sous le Soleil d'une route en lacet – pour de la neige éternelle et son cœur bondit d'excitation.

Face au panorama et malgré la fatigue il ne peut s'empêcher de déployer sa longue-vue, tombe sur des champs pelés couverts de pierres, recense des débris calcaires, se félicite de reconnaître un rocher de grès, remarque la presque verticalité de couches d'ardoise schisteuse, à certains endroits le passage du calcaire à l'ardoise n'est pas très net, il faudrait s'intéresser à l'affaissement des montagnes, au principe des refoulements horizontaux en sens contraire et à l'action des eaux (mais par où commencer ?). Il juge impropre de s'adonner à trop d'expérimentations aujourd'hui, préférant se consacrer pleinement à la récupération après l'effort de la marche en côte qui constitue une mise en jambes avant les difficultés à venir. Il accélère quand ça penche, freine avec les cuisses quand ça glisse, cherche ses limites.

On va lui proposer plus corsé : l'ascension de ce qui ressemble au puy de Sancy, stratovolcan, point culminant du Massif central (mille huit cent quatre-vingt-six mètres).

La butte du puy de Sancy est plus haute que celle du puy précédent. Puy, mont, butte, haute colline : monsieur Henri ne sait pas trop comment nommer morphologiquement ces volcans qui ne sont peut-être pas des volcans, rien ne l'atteste concrètement. Les raquettes sont inutiles en cette saison, comme les chaussures à clous. Une paire confortable suffit, bâton de marche si l'on veut et eau. Monsieur Henri prend la tête du groupe, le docteur vient derrière suivi du nouveau voisin, par ordre de taille encore. Le docteur laisse à monsieur Henri le choix de ses responsabilités en lui faisant croire qu'il commande mais en réalité c'est lui qui surveille, par exemple que monsieur Henri n'a pas oublié sa casquette, ses lunettes sombres ou sa crème solaire. Une insolation lui vient très facilement et ensuite c'est au moins deux jours d'immobilisation avec éblouissements et geignements.

Si monsieur Henri a peur de brûler, ce n'est guère par l'action du Soleil mais bien par la lave que le volcan propulserait s'il venait à se réveiller. C'est pourquoi il n'a pas oublié sa combinaison aluminisée pliée dans un sac ni un filet à insectes, une besace et des jumelles qui n'ont rien à voir avec le contexte mais il tenait à en prendre pour ne rien négliger de ce qui vit sur un volcan, plantes, animaux, matériaux. Ce qui y passe aussi : pluie, grêle, vent, minutes. Existe-t-il un microclimat du volcan ? Une autre échelle de temps ? La vie s'écoule-t-elle de la même manière ? La pluie d'ici est-elle semblable à celle des plaines ? Diffère-t-elle d'un volcan à l'autre ? S'il avait neigé il aurait récolté un flocon pour l'observer sur place au microscope.

Autre obsession : l'altitude. Il faut toujours que monsieur Henri soit au courant de l'altitude et pour la calculer il s'en remet à des systèmes de mesure compliqués sans les maîtriser alors qu'il suffirait d'utiliser le mode piéton du GPS.

Le nouveau voisin et le docteur se voient porter des instruments dont monsieur Henri ne se sert pas, chronomètre, baromètre cylindrique de collection dans lequel un tube en verre rempli de mercure a été glissé et qui permettrait de mesurer la hauteur des sommets s'il était encore en état de marche, un sismographe lymphatique lourd, encombrant et tout ça est là pour faire joli.

Le soir avant le dîner monsieur Henri s'en remet à quelques rituels : il enlève la poussière de sa table de nuit, de la couverture de ses livres et cahiers, des étagères et nettoie au tissu optique le verre de certains appareils perfectionnés. Il a besoin de ces moments de rangement pour se retrouver. Il regarde de moins en moins la photo de sa maison, finit par la retourner pour créer une distance avec le passé, se vouer tout entier au présent et se préparer à l'avenir.

Mais ne présumons pas trop de ses forces : après deux heures d'un trajet relativement vertigineux alternant escalier et parcelle en bois, sentier tortueux, cailloux, arête, chemin de crête, trachy-andésite, pause contre un rocher ancré sur une pelouse douce, variété de paysages, vue sur les volcans qu'on croirait enduits de mousse tant ils sont arrondis et verts, décision est prise de redescendre car monsieur Henri a la tête qui tourne – hypoglycémie ou cause inconnue. C'est dommage car il tenait bien sur ses jambes, montrait du cœur à l'ouvrage.

Le téléphérique est alors d'une aide précieuse qui, après le malaise, emmène l'équipe au sommet en un rien de temps. Dans la cabine monsieur Henri fait un second malaise de claustrophobie et de vertige cette fois-ci. Les vitres transparentes donnent l'impression d'être dans le vide en insécurité sans disposer d'ouverture réelle sur l'extérieur. Avec la pression des hauteurs qui n'en finit pas de changer, il se plaint d'avoir mal aux yeux, aux sinus, à la tête. Des gens lui portent secours et brassent de l'air mais, dans sa cabine exposée à tous les vents, d'air il n'en manque pas, et le nouveau voisin non plus qui proclame je suis médecin, ne vous inquiétez pas, avant de redistribuer les rôles dans le bon ordre et de faire intervenir le docteur. Tout le monde se rassure, la tension redescend mais pas le téléphérique qui se balance, continue à pointer vers la cime à bonne allure comme pour décrocher le Soleil. Avant de s'évanouir monsieur Henri a aperçu un grand oiseau se poser sur le toit de la cabine puis repartir en déployant ses ailes. Il a voulu le suivre et plonger à sa suite dans les abîmes sans peur, voler, planer ça doit être merveilleux. Plutôt que de s'évanouir perd connaissance trois secondes à la suite d'un voile noir.

Le manque d'oxygène au sommet se serait ressenti légèrement mais suffisamment pour que monsieur Henri trouve encore un moyen d'aller mal, de marcher en titubant à la sortie du téléphérique s'il était sorti du téléphérique, d'avoir besoin de manger une barre de céréales. Il fait un tout petit peu moins chaud et c'est agréable. Oh, il ne montrerait rien de son défaillement, resterait digne s'il pouvait, attaché qu'il est à l'idée de ce que doit être, puisque c'est ainsi qu'il se considère, un découvreur de la géodiversité du monde (solide, stable, doué de raison, panache et esprit scientifique). Mais l'esprit scientifique manque d'un savoir de base et la santé, comme diagnostiqué par le docteur, se ponctue de troubles superficiels gênants.

Au lieu de passer trente minutes après l'ascension du téléphérique à monter huit cent soixante-quatre marches conduisant à une plate-forme assortie d'une table d'orientation et de lecture du paysage, monsieur Henri est resté dans le téléphérique qui à présent pique vers le bas, le ramène à son point de départ. En redescendant il recouvre ses esprits, quitte sa position affalée et se met debout, d'abord à moitié, sur les genoux, en se tenant à la barre horizontale puis bien droit. Il regarde autour de lui à travers la vitre partiellement opaque et rayée comme si rien de ce qui se passait à l'extérieur n'était réel, comme s'il assistait à une vidéo sur écran. Il s'étonne de ne pas avoir trouvé de cratère au volcan, c'est qu'il n'en possède pas.

À l'arrivée on déniche un coin calme sur l'herbe fraîche et le plancher des vaches pour jouer l'arrivée au sommet, récupérer un peu des sensations perdues. Le docteur a lancé l'idée mais monsieur Henri y aurait sûrement pensé. De façon générale il trouve que les volcans sont un peu endormis. Même la descente dans le cratère éteint du puy de Pariou le laissera sur sa faim (je ne vous parle pas de Vulcania où notre explorateur se sentira à l'étroit).

Il aimerait s'approcher d'une lave en ébullition, disparaître dans la fumée âcre de la bouche d'un monstre de basalte, se tenir au cœur de l'énergie tellurique.

Il ressent tout de même les secousses d'un tremblement de terre (un tremblement de planches dû à l'arrivée d'un trio d'Américains à la terrasse en teck d'un café où il a commandé un jus de fruits) et en fait état dans son journal de bord à la page du jour accompagné des coordonnées topographiques qu'il invente.

Nulle récolte ni observation du moindre animal sauvage à part l'oiseau (dont il a peut-être rêvé l'apparition) n'ont enrichi ses pérégrinations. Monsieur Henri, une nouvelle fois, se concentrait sur la marche. Il ne perd pas espoir. Se réserve pour la suite qui s'annonce pleine d'action.

Le docteur a planté des bâtons dans la terre qui délimitent le périmètre à parcourir pour parvenir au sommet simulé. L'espace choisi est un grand champ au pied du volcan ponctué de rochers autour desquels on va s'enrouler, tourner plusieurs fois avant de continuer. Le nouveau voisin s'est assis sur l'un d'eux en attendant que monsieur Henri arrive à sa rencontre pour lui emboîter ou non le pas. On ne sait pas encore si tout le monde participe ou seulement monsieur Henri, ni combien de temps la comédie va durer. C'est difficile de s'imaginer au sommet d'un endroit quand on se trouve à son point opposé, opposé pas tout à fait, il faudrait pour ce faire descendre sous la terre, ce à quoi monsieur Henri est en train de songer en entrant dans la zone aménagée : grotte, obscurité, humidité, rivière souterraine – ce que ça fait d'être enfermé quelque part. Il n'est jamais là où il se trouve, cherche toujours un moyen de se projeter ailleurs. Maintenant qu'il a côtoyé deux sommets, il voudrait descendre au centre du monde, s'enfoncer dans la terre à la rencontre des pierres pour le plaisir des yeux, du toucher et du mot (microcline, azurite, bénitoïte, crocoïte, boulangerite), revenir ensuite à un sommet encore plus haut. La passion des volcans ne lui est pas passée, c'est seulement que monsieur Henri a plusieurs centres d'intérêt, certains imbriqués dans d'autres comme nous le verrons pour la montagne (en corrélation avec les volcans). Il s'en découvre de multiples chaque jour en fonction de ce qu'il vit, trouve, découvre. Passe d'une passion à une autre avec passion.

La passion des volcans atteint son paroxysme au moment où, après que monsieur Henri sous les encouragements du docteur et du nouveau voisin a sillonné le champ dans sa longueur et largeur – en travers aussi, dans tous les sens en fait – une bonne vingtaine de fois, faisant mine de ployer sous le poids de la fatigue, du matériel et du sommet qui se rapproche, de s'extasier devant la vue qu'on n'a pas, se persuadant que le terrain monte alors qu'il est plat, tourne alors qu'il est droit, la nuit étant venue et deux tentes ayant commencé à être installées sur place dans l'herbe humide qui mouille le bout des chaussures et bientôt par contagion toute la chaussette, une éruption de magma est mimée, suivie d'un épais nuage de fumée dont monsieur Henri, malgré l'obscurité, tentera d'étudier la composition et dont il ne restera qu'un mince filet au matin.

Il a fallu trouver du bois, composer un bon gros feu. Pas mal de braise a été répandue sur une partie du champ et c'est alors que monsieur Henri assiste à ce qui ressemblerait à une coulée pyroclastique. Il ne dormira pas de la nuit, subjugué par les flammes, décryptant le vacillement des flammèches comme autant de langues de vie fragiles mais brûlantes, s'en approchant avec une loupe, ce qu'il prend pour de la lave, collant son oreille contre le sol afin de localiser la chambre magmatique, différencier la zone de subduction de la dorsale océanique, l'éruption de l'effusion, plus que tout craignant nuées ardentes, gaz, projections et retombées de téphras, coulées boueuses, instabilité et glissements de terrain.

Il porte une lampe frontale autour de la tête et ébauche dans son carnet des formes de volcans qu'il dessine sans connaître, cône scoriacé avec colonnade prismatique, cratère égueulé, simple, double ou emboîté.

C'est l'anniversaire de monsieur Henri et rien n'a encore été dit : à vingt-trois heures un feu d'artifice est tiré, composé de onze pétards mortier, trois bombes, trente fusées à éclatement floral dont neuf dites tronc palmier, cinq sifflantes et trois à retardement. Deux fumigènes sont déclenchés devant chaque tente, un feu de Bengale donne la sensation que l'herbe est devenue bleue, une salve pétarade en se recroquevillant sur elle-même comme un serpent fou, deux chandelles romaines reproduisent en plus petit l'explosion d'un volcan, les ailes d'un moulin tournent en expulsant des nuées d'étincelles, une fontaine crépite, des comètes traversent l'air, des gerbes déferlent du ciel, des tourbillons y remontent et des hélicoptères miniatures s'envolent. Environ cinq secondes s'écoulent entre l'arrêt d'une attraction et le début d'une nouvelle, assez pour croire que tout s'enchaîne, la fête n'est pas près de se terminer, c'est la fin ou le début d'un monde, rien ne sera plus jamais comme avant.

Monsieur Henri profite tant qu'il peut de la soirée. On a disposé des flambeaux aux quatre coins du champ, des bougies d'ambiance un peu partout et le nouveau voisin porte à la main une torche à piles pour voir où allumer quoi et un canon à confettis. Pendant toute la durée de la pyrotechnie, monsieur Henri est partagé entre la crainte et l'attirance, l'étonnement et le ravissement. Il se sent comme en pleine guerre, avec les bruits de la guerre, les visions de la guerre, les dangers de la guerre (se prendre une fusée sifflante perdue), mais une guerre qui fait plaisir, qui est là pour rendre heureux. Il écarquille les yeux, ouvre la bouche, respire fort, reste sur le qui-vive au cas où le champ entier exploserait, où le volcan viendrait à tout réduire à néant – on se souvient de certaines catastrophes naturelles.

Comme dans toutes les animations de ce genre, il y a des lumières blanches, argentées, orange, rouges, jaunes, vertes, qui prennent plus ou moins de place dans le ciel, se faufilent discrètement ou se répandent, font du bruit ou pas trop, ressemblent à quelque chose ou à rien. Tout de suite après l'explosion, le vent disloque les formes éteintes vers le nord, qui partent en poussières. Parfois aussi une lanterne volante prolonge la magie du spectacle pendant de longues minutes alors que tout s'est arrêté. Sinon, le feu d'artifice éclaire le flanc du volcan et laisse croire, par certains tirs bien placés, que le résultat sort directement du sommet. L'effet d'optique est total.

Avant le début des festivités, monsieur Henri a enfilé sa combinaison aluminisée achetée par correspondance et un peu trop petite. Il s'est roulé dans l'herbe pour l'étirer, se camoufler et faire corps avec les éléments. Là il s'abrite d'éventuels jets d'étincelles et de cailloux derrière un rocher d'où il peut observer, guetter la suite des événements. Rampe vers un autre rocher, analyse, reporte, mesure. Il ne tient pas en place. Pourrait se croire à un festival et rester assis sans bouger pour en profiter, mais non. La lampe frontale a été serrée autour du casque de la combinaison qu'on enfile comme la capuche intégrale d'un apiculteur, fendu d'une visière pour voir mais qui réduit l'angle de vision sur les côtés et étouffe le son. Cette particularité ne l'empêche pas de ne rien perdre de vue et de prêter attention à tout ce qu'il peut entendre.

Le docteur et le nouveau voisin se congratulent de trouver monsieur Henri si investi. Ils sont tous les deux d'accord pour mettre le paquet – le nouveau voisin s'est occupé du choix des fusées et le docteur de leur mise en place. Quoique le nouveau voisin aussi : il a disposé quelques pétards derrière des rochers pour entretenir l'effet de surprise, a lancé un autre feu à l'autre bout du champ pour épaissir la fumée et élargir le chemin de braise. Avec un sac-poubelle il s'est déguisé en rocher de lave mais monsieur Henri a dit que le sac-poubelle ça ne faisait pas trop volcanologue.

Grâce à sa combinaison monsieur Henri peut marcher dans le feu sans mal et même y rester immobile sans se consumer, vivre au cœur du foyer. Le deuxième feu est plus important que le premier, quand on se trouve dedans on perd ses repères à cause de la fumée et on se croit vraiment dans un cratère en activité. À certains endroits la température relevée est de cent vingt-quatre degrés. La fumée révèle le faisceau de la lampe frontale (une lampe ignifugée) qui n'arrête pas de bouger dans toutes les directions parce que monsieur Henri regarde partout, ne rate rien des réjouissances. Coup de chance : des éclairs de chaleur ont commencé à clignoter dans le ciel pendant qu'il faisait jour mais on ne les voyait pas. L'obscurité de la nuit leur donne du relief, créant un court-circuit au-dessus des têtes toutes les vingt secondes à peu près, illuminant le contour des volcans et du reste. L'effet ne pouvait pas mieux tomber pour accompagner le spectacle et transporter monsieur Henri hors de lui-même. Puis les éclairs deviennent plus puissants, embrasant les environs – et pas seulement les nuages – comme en plein soleil, d'un voilage bleuté, électrique. L'illumination dure au moins deux secondes, deux secondes interminables pendant lesquelles on a le temps de lire la sidération dans l'œil de son voisin et au fond de ses tripes, d'apercevoir un animal sauvage non identifié pris dans l'éblouissement de la lumière céleste, où le monde vous apparaît sous une couleur, une intensité uniques, surtout quand certains éclairs à leur contact sur le sol explosent silencieusement en boules de feu.

Monsieur Henri n'en revient pas. Il pense que la Terre se réveille, qu'il se trouve enfin au cœur de ce qu'il cherchait, qu'un gouffre va s'ouvrir sous ses pieds, qu'il est déjà en train de s'ouvrir, ça va être extraordinaire comme voyage, il va rejoindre l'autre bout de la planète et tout comprendre sur tout. C'est en effet ce qu'il attend : un satori, une illumination au sens figuré, qui lui donnerait l'extralucidité sur la vie.

On lui dit de ne pas s'approcher des arbres mais il n'y a pas d'arbres. On lui dit de ne pas s'exposer à la foudre mais il ne s'agit pas d'éclairs. Rien n'est plus attirant pour lui que ce qu'il vit en ces instants. Il le répète en tapant dans ses mains, dans ses gants : c'est le plus beau jour de sa vie.

Silencieusement (les éclairs qui explosent, voir fin du chapitre précédent) pas tout à fait : depuis que la nuit est tombée, c'est-à-dire assez rapidement, juste le temps pour monsieur Henri de s'habituer au lieu, se confronter aux limites, se fatiguer à bouger, les éclairs ont été suivis d'un roulement de tonnerre lointain, distant de plusieurs minutes d'abord, sourd, puis de moins en moins distant, de plus en plus proche, fort, quasi instantané bientôt, brutal, simultané pour conclure, assourdissant, qui résonne dans la vallée, effrite les falaises, retourne les pierres, fait trembler le sol, les jambes, les orteils, les ongles, jusqu'à la pointe des cheveux.

Une fois le feu d'artifice terminé (il a duré vingt minutes et a servi en quelque sorte de préambule à l'orage qui venait, les pétards et fusées explosant entre les éclairs et le tonnerre, devenant de moins en moins impressionnants à mesure que les éclairs et le tonnerre amplifiaient) une grosse pluie déferle, lourde et rapide, sous laquelle monsieur Henri se revigore, sourit, trouve que le bonheur tient parfois à peu de choses. Il monte un instrument censé mesurer la charge d'électricité de l'air qu'il porte à bout de bras en attendant de nouveaux éclairs. Le lendemain dans le journal apprend que deux fermiers ont été tués par la foudre – disséquer leurs corps fournirait des révélations sur cet attribut céleste.

Habituellement solitaire, il éprouve le besoin de partager son allégresse avec le groupe ; comprenant que l'orage s'en est allé il pose son instrument, se rapproche de ses compagnons et les prend par les épaules pour danser une ronde. Il chante. C'est peut-être l'intensité de la situation qui le pousse à chercher le contact. Comme il chante faux et pour trouver un lien avec ce qui suit – alors qu'évidemment cela n'a rien à voir – les gouttes font place à des grêlons que l'intéressé récolte dans sa main. Les grains présentent un blanc laiteux à couches concentriques, quelques-uns semblent avoir été aplatis par un mouvement de rotation. La grêle s'abat en masse pendant de longues secondes – ensuite s'il avait fait jour ce serait le Soleil qui reviendrait.

Il n'y a eu aucun endroit où se réfugier car les tentes se sont percées à cause d'une fusée déviante, l'intérieur est trempé et on s'est garé trop loin.

On a creusé un trou, allez savoir pourquoi, pour se trouver un toit, se tenir dans une grotte, comme on fait dans la neige. La remontée du trou qui s'approfondit s'effectue à l'aide d'une corde. Certains volcans s'escaladent en baudrier donc ce n'est pas invraisemblable. Monsieur Henri découvre des pierres qui brillent sous le rayon de sa lampe, cristaux de quartz peut-être, améthyste, or ou grains de sable. Ça le rend fou. Il en remplit ses poches pour ses collections. Ne pense guère à l'argent qu'il en récolterait. Juste l'émerveillement de pouvoir les regarder. Il pourrait retourner tout le champ, continuer à creuser, déboucher sur des galeries, créer de nouveaux réseaux qui ouvrent sur des portes, derrière les portes des escaliers, au bout des escaliers des couloirs menant à des points opposés sur la Terre par des ascenseurs et des escaliers métalliques mais la force lui manque et la spéléologie concerne un autre chapitre. C'est très physique de creuser. Une pelleteuse serait nécessaire. Donc il abandonne.

Le tonnerre ne s'entend plus. Le silence règne. Monsieur Henri émet des petits sons non identifiés mais apparentés plutôt à une bonne humeur. Il faut refaire le feu, rapiécer et retendre les tentes. Personne ne souhaite dormir. Trois heures sonnent au clocher d'un village. Monsieur Henri est en pleine forme. Il attend que le spectacle reprenne. Il s'assoit sur une bûche prévue pour le feu. Sa combinaison est étanche donc il n'est pas mouillé. Il veut rester seul dans la nuit assis à regarder le ciel se reconfigurer, la Lune et les étoiles apparaître, sentir si quelque chose va venir, encore. Il dit que même le vent, un petit peu de vent est un phénomène qu'il faut savoir accueillir.

La Lune sort d'un cumulonimbus dont elle a éclairé la frange d'un liseré argenté pendant tout le temps de l'extraction. On dirait que d'autres montagnes, d'autres feux, d'autres volcans, d'autres univers se forment dans le ciel. On voit très bien le relief des nuages. Il aimerait partir sur la Lune. Explorer ses cratères. Rencontrer quelqu'un qui y est allé. Finalement la Lune n'est autre qu'un continent en suspension.

Rien n'est vraiment difficile à envisager quand on se met à l'écart pour avoir une vue globale des choses. Pendant une fraction de seconde les mystères de l'existence semblent résolus, tout paraît simple. Il serait pourtant bien incapable de faire ce pour quoi il est là, c'est-à-dire arrêter une définition du monde, expliquer comment les pièces du puzzle s'assemblent et si elles s'assemblent – à quels niveaux, dans quelles dimensions ; de quel puzzle s'agit-il ? –, donner à l'homme une place fixe là-dedans. Tout est en perpétuelle remise en question. Quand on y réfléchit c'est un peu éprouvant. Alors mieux vaut ne pas y réfléchir et être comme monsieur Henri : en train de croire que tout paraît simple.

Monsieur Henri a enlevé son casque. Il passe sa main dans ses cheveux qu'il a rares, se masse l'arête du nez qu'il a longue jusqu'entre les yeux. Ramène ses genoux sous son menton. Laisse la nuit s'écouler devant lui.

La Lune ajoure le champ, les environs, un lac scintille sous sa blancheur. Il y a des lacs dans le coin qui sont d'anciens cratères, ça lui donne envie d'aller voir, d'arpenter leurs contours comme il l'a déjà pratiqué, naviguer dessus ça non, nager peut-être, toucher le fond pourquoi pas – les festivités l'ont ragaillardi : maintenant qu'il en a pris plein les yeux, ayant eu ce qu'il voulait, il se sent prêt à quitter momentanément ces volcans pour se porter sur d'autres volcans ou pas de volcans, des montagnes qui ressemblent à des volcans ou pas de montagnes, des plaines peuplées d'êtres vivants à examiner ou pas de plaines. Tout se transforme, les volcans s'aplatissant et se creusant avant de resurgir sous forme de montagnes. Le sol dissimule un feu bouillonnant qui l'impressionne et lui rend n'importe quel endroit intéressant, la mer également : éruption sous-marine, île volcanique, atoll.

Sur ce sol, c'est-à-dire où que l'on soit, voilà ce qui pourrait encore l'attirer : la faune, la flore, les êtres vivants, le papillon par exemple. Il souhaite chasser le papillon. C'est magnifique un papillon. Il n'y a pas de comparaison possible entre un volcan et un papillon. On trouve des papillons sur les volcans. Et des fleurs. Les papillons se posent sur les fleurs qui poussent sur les volcans et ailleurs. Tous les insectes sont magnifiques, les insectes et les animaux volants. Il a entendu parler d'un endroit où se trouve le plus grand oiseau du monde. Il ne sait plus ce qu'il veut ni où aller, voit des papillons et des oiseaux partout. La taille et la forme des ailes ne sont pas pareilles.

Malgré la présence bienveillante de la Lune, la nuit garde des recoins assez noirs. Monsieur Henri hésite à se lever pour marcher à l'aveugle, partir dans une direction au hasard et laisser le destin choisir à sa place. À l'opposé du lac, éventuellement – là où ça ne brille pas. Il faudra de toute façon prendre congé du volcan. Se trouver un nouvel objet de convoitise. Pour en revenir au lac, l'eau ça éteint le feu. On dirait que le volcan s'est calmé. Le docteur et le nouveau voisin ont fini par rejoindre la caravane. Le scintillement se déplace sur la surface : la Lune descend. Elle va bientôt tomber dans l'eau.

À défaut d'autre chose le matin finit par arriver et avec lui une pluie fine et pénétrante. Les vaches ont envahi le champ. La pluie a durci la cendre, éteint le chemin de braise. Par contre le feu est encore chaud. Vers huit heures monsieur Henri aperçoit deux nuages lenticulaires au-dessus du volcan. Il prend cela comme un signe : l'éruption va reprendre, magistrale, apocalyptique. Ce serait écrit dans les livres de météorologie. Une nuit de feu se répandra, il faudra l'affronter ou fuir. Comme il semblerait qu'il soit fatigué, sa prise de décision est remise à plus tard. Il s'allonge dans l'herbe pour réfléchir, la tête appuyée contre la bûche, et s'endort.

VI

IV

À son réveil le volcan est toujours aussi assoupi et les kilomètres ont défilé entre lui et l'Auvergne, dirait-on. Parfois monsieur Henri a l'impression de se mouvoir dans un autre monde que celui qu'on nomme habituellement monde. Pourtant ce n'est pas un nouveau, c'est le même mais en différent. À midi le docteur et le nouveau voisin l'ont porté jusqu'à sa couchette et ont démarré le convoi. La pluie fine avait cessé, les deux nuages lenticulaires s'étaient laissé traverser puis disloquer par un puissant et large rayon de soleil qui épongeait l'humidité et faisait oublier les intempéries de la nuit.

On roulait depuis deux heures quand monsieur Henri a ouvert les yeux. Il ne savait plus si ce qu'il avait vécu était un rêve, ni vers quel autre rêve il s'embarquait. Car même si rien autour de lui ne pouvait faire croire que le décor extérieur passait d'une région à une autre, faisant se succéder la végétation, la population, l'architecture, l'histoire des lieux (le matelas restait un matelas à la place d'un matelas, les affaires sur la table de nuit des affaires sur une table de nuit, les parois perpendiculaires au sol, la lampe une lampe, le reste le reste), quelque chose comme un tremblement dans l'air ne faisait aucun doute : nous étions en mouvement. Un mouvement doux, un bercement. De nouvelles histoires attendaient monsieur Henri et il se sentait ému à cette idée, paisiblement attiré, trouvant que la vie est un éternel recommencement et rien que cette qualité la rend belle – il faudrait pour être parfaitement heureux se sentir en mouvement dans l'immobilité presque totale. Il acceptait dorénavant de se soumettre à l'imprévu, aux distances, de ne pas chercher perpétuellement des jalons ailleurs qu'à l'intérieur de lui – de la sorte, on se transporte n'importe où sans mal. Il en viendrait même à forcer le destin en se créant des rebondissements : ainsi de cette habitude qu'il prend de changer d'orientation pour dormir, une fois sur deux la tête à la place des pieds dans la camionnette et inversement, ou dans la caravane, la tente, quand il n'est pas à l'hôtel ou dans un refuge.

De cette volonté de changement naît le désir de rencontrer un héros auquel se confronter physiquement, à qui se mesurer, se comparer, quelqu'un en qui s'en remettre avec confiance, qui vous rehausse et dont on tire des leçons.

Sa première pensée va au docteur et au nouveau voisin qui sont ses accompagnateurs les plus proches. Viennent ensuite des personnes moins accessibles mais professionnellement davantage portées sur l'exploit : Haroun Tazieff, les époux Krafft (pour les volcans). Puis il passe en revue tous les grands hommes qu'il aimerait connaître et qui ne sont pas morts, ça diminue la donne. Alors il se dit que n'importe quel sportif lui conviendra, connu ou inconnu, toutes disciplines confondues, ce qui importe étant la confrontation avec la nature. Monsieur Air est l'un de ceux-là : membre et même président du club de plongée de Bigorre-sur-Plateau où l'on sonde régulièrement des rivières souterraines et une ou deux fois par an l'océan Pacifique à la rencontre du grand requin blanc, il pratique l'escalade, la voltige aérienne et plusieurs autres sports sans lien les uns avec les autres mais qui doivent en avoir, tous faisant de lui un être en bonne santé, sang-froid, sans peur, plutôt sociable et bien équilibré, relevant des défis. Il aime se retrouver au calme dans les forêts du monde entier où il ne fait que marcher pendant des semaines et cultiver un penchant spirituel et un goût pour les fleurs colorées en général – orchidées. Dans ces moments-là, ça lui arrive de penser à l'amour, la famille et pourquoi pas un jour avoir un enfant. Une cicatrice lui barre le torse, sa taille est moyenne mais sa musculature celle d'un athlète. Il enseigne le sport à des particuliers. Faisait du stop dos à la route quand la porte du fourgon s'est ouverte à une trentaine de mètres devant lui après que celui-ci eut freiné jusqu'à l'arrêt total du véhicule qui s'était déporté sur le bas-côté.

Monsieur Henri étant tout le temps à l'arrière de la camionnette, il y a de la place pour trois devant. Monsieur Air, qui n'est pas encore assez de connivence avec notre livre pour se faire appeler autrement, s'installe à la droite du nouveau voisin contre la portière passager, c'est le docteur qui conduisait et qui continue de conduire. Ils se relayent au volant toutes les quatre heures à peu près et la conduite du docteur est calme, fluide, on dirait qu'il mène un gros bateau sur l'eau, contre celle plus nerveuse du nouveau voisin qui tire sur le moteur, pousse les vitesses comme on le ferait avec un hors-bord sur un lac et soit dit en passant – je ne l'ai pas encore précisé – porte un bouc parfaitement taillé au menton, aussi bien entretenu qu'un potager de cheminot, et sur le crâne une brosse courte épaisse. On dit que la façon de conduire révèle la nature d'une personne, je vous laisse tirer les conclusions.

Assez vite monsieur Air demande à se faire appeler par son prénom quand on ne connaît même pas celui de monsieur Henri, mettant à l'aise tout le monde, ne souhaitant importuner personne par sa présence. Sur la route nos voyageurs ont l'habitude de ne pas trop parler, de s'abandonner à leurs pensées. Jean-Paul, donc, bouscule cette atmosphère, il en va toujours ainsi avec l'auto-stop : un étranger fait irruption dans notre intimité. Il est affable, cherche le contact humain. Le sac à dos qu'il portait sur les épaules au bord de la route est maintenant entre ses jambes. Il en sort une bouteille d'eau, agite les bras quand il parle, referme le bouchon de la bouteille avant de projeter dans l'air avec le bras qui la soutient des arcs de cercle ou change de main, propose un petit coup à boire, se retrouve en T-shirt. Ses poignets sont épais, sa montre à fonctions multiples. Il se tourne vers chacun à tour de rôle quand il parle. Répond, pose des questions. On en sait beaucoup sur sa vie en un rien de temps.

Il ne faisait pas d'auto-stop, c'est le docteur qui l'a cru et le nouveau voisin aussi. Il marchait simplement dans le sens des voitures pour rejoindre un sentier. Il est en vacances depuis dix jours pour encore une semaine et profite de cette relâche pour se ressourcer dans la campagne. De toute façon il n'en est jamais loin, de la campagne – sa maison isolée se situe à une trentaine de kilomètres d'ici. Mais quand il marche, parce que l'action est lente, il a l'impression d'en être encore plus proche, de sentir la terre sous ses pas, les brindilles, les coques, les feuilles mortes, les cailloux, les racines, et de prendre conscience des arbres et des plantes qui s'étirent vers la lumière du ciel – ou s'abaissent vers son reflet sur l'eau.

Monsieur Henri comprend bien cela, tout de suite le courant passe avec le nouvel arrivé. Il prépare une grande expédition scientifique et sportive au large de l'Afrique du Sud pour le mois suivant, à visée écologique. Monsieur Henri ne se lasse pas de le regarder. C'est surtout son profil qu'il voit et le personnage lui apparaît comme l'opposé de lui-même : jeune, fort, courageux. Et en même temps un peu comme lui car monsieur Henri, surtout depuis son expérience avec les volcans, se sent l'étoffe d'un héros : rien que de voyager en camionnette, de changer de lieu, de rencontrer de nouvelles personnes – pas beaucoup mais quand même – demande un certain sens de l'adaptation et une résistance physique aussi minime soit-elle (être éveillé par exemple). Et puis il y a une sensibilité en commun, indéniablement, un penchant pour la nature. Il l'écoute avec beaucoup d'attention. Son expédition en Afrique semble lui tenir à cœur, il en parle avec volubilité. Monsieur Henri aimerait en faire partie. Il a toujours été attiré par l'Afrique à travers les livres, les reportages. En particulier le Mozambique, parce que ça sonne bien. Et la Haute-Volta, pour les mêmes raisons. Ou la Sierra Leone. Le Honduras, sur un autre continent. Il rêverait de se promener dans la savane, s'approcher d'un lion blanc, voir un éléphant pour de vrai, une girafe en train de manger aux branches d'un acacia.

Il se fait une idée stéréotypée du continent : chaleur moite, poussière, latérite. Il ne pense pas à la guerre, la famine. Aux difficultés et aux combats. Il croit que là-bas tout le monde est heureux, proche de l'essentiel et de Dieu (quel dieu ?). C'est vrai : quand un peuple vit dans le dénuement, en Afrique ou ailleurs, la ville la plus proche étant à cinq jours de marche, l'eau potable à une et les climats rigoureux, on lit dans les yeux des hommes, des femmes et des enfants une présence qui les dépasse, comme quelque chose qui les comble malgré tout. Est-ce cela, Dieu ? Le bonheur ? Un état d'harmonie intérieure qui dure. Alors pourquoi n'est-ce pas toujours le cas ? Pourquoi existe-t-il des peuples à tel point chahutés par le destin que des êtres humains en viennent à se faire tuer ou à mourir de chagrin ?

À la suite de Jean-Paul, monsieur Henri veut pratiquer la plongée sous-marine. Se tenir à fleur d'eau dans une embarcation mouillant à plusieurs kilomètres de la côte. Le bateau n'en finirait pas d'être pris dans le clapot du large, que dis-je la houle, le roulis, le tangage. Tout autour : onde couleur d'encre. Ce serait un bateau de taille modeste, nerveux, pourquoi pas un Zodiac. On verrait la mer vue de la mer. On aurait l'impression que la mer recouvre la planète, ce qui en partie est vrai. La figure de monsieur Henri se trouverait à quelques centimètres de la surface de l'eau, en se penchant et grâce à son masque il commencerait à apercevoir les fonds qui n'en finiraient pas d'être bleus, striés par les rayons du soleil tombant verticalement vers l'inconnu, et après que tout le corps a basculé en avant ou en arrière on y est, ce n'est plus les abysses aperçus par intermittence quand une vaguelette recouvre le masque, mais toute la mer tout le temps, au-dessus, en dessous, la haute mer, de la tête aux palmes, voilà même qu'on peut respirer sous l'eau grâce au détendeur et à la bouteille d'oxygène. On n'a pas pied.

Il y a Jean-Paul qui fait des signes rassurants avec ses doigts, toute une nomenclature de gestes répétée sur le pont. Il nous tient par la main, notre parcours va bientôt croiser le chemin d'une baleine et de dizaines de méduses multicolores. S'il y avait moins de profondeur nous verrions des rochers, des algues, du corail. Rien qu'un oursin, c'est déjà bien. Si nous étions sous les tropiques nous verrions des poissons presque fluorescents comme le vivaneau à raies bleues ou la demoiselle royale. Des madrépores aussi. Comment ne pas se sentir fragile, démuni au milieu de tant de volume ?

Monsieur Henri prend des photos avec ses yeux. Il essaye de se rappeler chaque détail pour dessiner les animaux ensuite, les lumières, les lignes de fuite. Tous ces petits points sombres en suspension dans l'eau. On fait confiance à Jean-Paul. On lui fait une confiance totale. Nager c'est voler en plus mouillé, l'homme flotte sous la surface en écartant les bras, les jambes, en modulant sa position par l'action des palmes, la courbure du dos et l'alignement du bassin. Il n'y a pas de vent, des courants oui. Monsieur Henri a déjà rêvé qu'il volait, jamais qu'il nageait en volant. Une telle activité, si elle avait réellement lieu, serait considérable dans la connaissance de lui-même. À cause de ses problèmes d'oreille interne et d'antécédents épileptiques, la plongée avec bouteille est à éviter. Le sujet avait été abordé avant de partir, monsieur Henri sait à quoi s'en tenir. De façon générale la mer est à proscrire, sauf à s'y poster devant, les pieds dans le sable ou près de la côte. Le large de l'Afrique du Sud, donc, pas possible non plus. Mais le monde est varié.

Depuis que Jean-Paul s'est assis dans la camionnette (et que la camionnette, qui ne roulait déjà pas très vite, roule encore moins vite à cause du docteur qui écoute ce que dit Jean-Paul, le regarde assez régulièrement tout en conduisant) monsieur Henri retrouve ses projets de destinations lointaines, avec climats inhabituels. En comparaison de l'Afrique, la France lui paraît être un espace d'évolution trop restreint, pas assez dépaysant puisqu'il y vit. Son voyage trop confortable. Il aspire à plus de dangers. Il se sent étriqué, là, à rouler selon un itinéraire défini que le docteur aura balisé afin qu'il puisse s'y épanouir en toute sécurité. Il veut de l'imprévu. Repousser les frontières. Cherche des endroits où aller qui rendraient cette histoire un peu moins calme.

Des paysages et des noms lui traversent l'esprit, les paysages lui viennent sous forme d'images mentales et ne correspondent pas forcément au nom qui leur est accolé. Parfois une image n'a pas de nom, elle existe sur papier ou est pure invention, recomposition. Comme on ne se refait pas, c'est d'abord en rapport avec les volcans : panaches, geysers, sources boueuses et concrétions minérales du Kamtchatka ; vallée des volcans au Pérou ; Chimborazo ; Kilimandjaro vu du bas. Toujours en Tanzanie le cratère du Ngorongoro vu de haut. Il n'y a pas que les volcans, donc place à la région des fjords (Chili), à la vallée de la Lune, aux montagnes de la Lune, à Bass Rock (Écosse). On le voit bien : monsieur Henri rêve d'ailleurs : Namibie, Ouganda. Sait-il seulement où trouver ces pays ? Formule-t-il les noms ou n'est-ce qu'évocation ? Depuis sa fourgonnette, les yeux fixés sur la route il rêvasse, assiste au mouvement ininterrompu, entend le fracas des chutes du Niagara, Victoria, du fleuve Zambèze bouillonnant et sale sous le Soleil cru, parcourt la région des Grands Lacs en Amérique, celle des séquoias géants en Californie. Quelque part sur Terre existe le plus grand et vieux pin à cône épineux, une forêt d'arbres à papillons (Mexique), une vallée entière remplie de papillons (Grèce). Le papillon : nouvelle idée fixe depuis cette nuit. Il souhaite étudier la couleur de cet insecte, s'émerveiller du spectacle de sa légèreté, n'en rencontre pas assez sur son chemin. Plus rarement il se projette dans une zone sans nom, au milieu d'une immensité glacée ou brûlante que l'homme n'a pas encore foulée. Il est le premier à traverser. Ciel, jour : tout est vierge et ne demande qu'à exister sous ses mots. Des mots qu'il écrirait dans son journal tenu assez irrégulièrement et juste pour noter des détails, des chiffres. Là, ce seraient des phrases entières avec verbes, elles diraient le monde comme si c'était la première fois, tournures simples exprimant l'ahurissement de se trouver face à la découverte de tout : un animal, une plante, une roche inédits, une odeur sans antécédent. Saurait-il seulement décrire sans référence ?

Des phénomènes naturels défilent sous ses yeux, monsieur Henri rêve de cascades innombrables se jetant les unes dans les autres, de canyons aux gorges profondes creusées par des rivières et des fleuves puissants, de deltas, tout autour un nuage de vapeur, un solide arc-en-ciel. Les rivières n'auraient pas de noms, les chutes d'eau ne figureraient pas sur les cartes. Monsieur Henri l'admet : un rien le fascine. Il découvre sans cesse ce qui existe déjà quand tout le monde le connaît. Il pleure d'émotion devant ce qu'on ne remarque plus : l'air à respirer, ses oscillations imprimées sur une plume en lévitation, une poussière, du pollen – que sait-on de la phanérogamie ? Il ressent parfois le besoin de se blottir sur lui-même, de se protéger des éclats du monde. D'interrompre le voyage ? Surtout non. De descendre dans un trou, voilà qui est mieux.

Les volcans, la hauteur, tout est oublié au profit des grandes profondeurs. Parce que c'est aussi ça sonder le monde : jouer avec les extrêmes. Ainsi, la spéléologie ne lui déplairait pas. Passer en dessous des volcans. Explorer ce qui se trame sous nos pieds, dans l'antre de la planète. Il y songe en écoutant Jean-Paul, il avait déjà commencé à y penser auparavant. Il se voit ramper dans un boyau humide et sombre à peine plus large que son corps ou suspendu à un fil au-dessus d'une piscine naturelle. La lumière du jour arriverait jusqu'à lui par de timides percées et au-delà ce serait le noir complet, les abîmes. Un livre d'Édouard-Alfred Martel en mille huit cent quatre-vingt-quatorze porte ce titre *(Les Abîmes)* et monsieur Henri en avait lu un extrait dans un catalogue de sa bibliothèque. À l'époque il s'était contenté d'apprécier la fraîcheur du récit mais aujourd'hui l'expérience le tente, le texte ne suffit plus. Jean-Paul ferait un guide avisé.

Pas trop loin d'ici, accessibles pour monsieur Henri sans avion ni bateau, se dissimulent des sites vertigineux. Le gouffre de Krubera (Géorgie) est la plus profonde cavité connue : deux mille cent quatre-vingt-dix-sept mètres. Mieux : l'Étoile noire (Ouzbékistan) pourrait atteindre deux mille quatre cents mètres de fond et plus de dix-sept kilomètres de galeries. Monsieur Henri se demande par où il faut passer pour rejoindre ces deux endroits et si c'est si proche que cela.

Les distances commencent à s'accumuler, la France comme terrain d'expérimentation devra de toute façon suffire à cause du nombre de kilomètres maximal que peut endurer la machine et c'est déjà très bien. Voilà ce que monsieur Henri se dit. Il paraît qu'une grotte cachée existe en Ardèche. Il retrouve goût à son voyage, surtout que le meilleur est à venir.

Cependant sa dispersion semble avoir brouillé les pistes. En effet l'équipée traverse actuellement une zone difficile à référencer, la composition du sol ne renvoie à rien de commun dans les environs – mais bon, laissons-nous porter.

La camionnette avance vers une destination inconnue sans dépasser ses quatre-vingts kilomètres-heure habituels ni remarquer de papillons. Monsieur Henri ne pense qu'aux papillons et à une grotte. Il voudrait voir des papillons tout en se dirigeant vers une grotte. Le paysage défile lentement : chênaie, hêtraie-sapinière laissant place à des étendues d'abord fertiles, mamelonnées de renflements verdoyants, puis sans qu'on se l'explique à des plaines arides, encore des champs pelés et bientôt à un désert véritable avec cactus chandelier, euphorbe et sable mouvant. On roule alors tout l'après-midi sur une piste poussiéreuse et vérolée de nids-de-poule qui mène à une crevasse obligeant les participants à faire volte-face. Sur le chemin du retour une caravane de chameaux est croisée, décidément c'est à n'y rien comprendre. L'entonnoir d'une tornade se perçoit entre deux dunes de sable, monsieur Henri exprime la volonté de l'approcher : mesure de la force du souffle, recherche et identification des différents types de vents – il est intéressé. Trop tard : des panneaux annoncent un archipel Dangereux, une anse

Douteuse, un désert Désirable – nous avons continué à bouger. Le bord d'une rivière étincelante est suivi. Un pohutukawa royal nain qu'on croyait aujourd'hui disparu n'ombrage pas la route. Au milieu des bananiers et des orchidées sauvages, le plumage encore plus coloré des oiseaux de paradis détonne. Le GPS parle une autre langue, ce qui n'empêche pas l'itinéraire de redevenir à peu près fréquentable après avoir tourné à gauche au rond-point du Trésor. Un ruisseau de lait coule sur le bord de la route, un embarcadère attend nos voyageurs pour les emmener faire le tour d'un golfe en bateau. Camionnette montant sur bateau, monsieur Henri n'ayant pas mal au cœur puisque étant dans camionnette et plan d'eau plat. Il s'en est fallu de peu qu'une grue ne soulevât la camionnette, la confondît avec un bathyscaphe en plongeant la machine et ses occupants par onze kilomètres de fond sous la mer pour explorer ce qu'on eût pris pour la fosse des Mariannes. Monsieur Henri n'aurait pas dit non, prêt à tout pour mieux comprendre le monde. S'il pouvait, au centre de la Terre se téléporterait. Mais la scène est impossible à monter car la camionnette prend l'eau.

Un bois rassurant de chênes verts accueille tout le monde pour la nuit. Le spectacle des lucioles enchantera le lecteur. Monsieur Henri à plus forte raison puisqu'il se poste devant, pourrait-on même dire au milieu du circuit électrique : les lucioles tournent autour de lui et ressemblent à de minuscules ampoules, se posent dans sa main, sur sa tête, son épaule. Il se demande où il est. Il s'apprêtait à rejoindre sa tente quand il aperçut le halo d'étincelles virevoltantes. Revient à lui le souvenir d'un plancton luminescent *(Noctiluca scintillans)* sous la Lune argentée dans les vaguelettes bleutées de l'océan. Une luciole ça le console du papillon. Certaines mouches projettent de la lumière, certains scarabées et crustacés aussi (l'ostracode brille pour attirer les partenaires). Méduses et néréides sont phosphorescentes – je ne vous parle pas des vers luisants, concombres de mer et bactéries. Mais d'où provient cette brillance ? Il n'a jamais cerné le fonctionnement de la bioluminescence.

Le docteur un peu mieux, il se perd dans des explications ayant pour effet d'embrouiller davantage monsieur

Henri. Un camp d'étude serait nécessaire pour s'adonner à des examens susceptibles de percer le mystère de ce phénomène. Monsieur Henri se réjouit déjà d'observer la scène. Il braque une lampe torche allumée vers la source pour mieux voir mais cette action masque l'intensité de l'émission, ce qui signifierait que les insectes eux-mêmes sont sensibles à la lumière ambiante, premier point. Le deuxième point se fait encore attendre car l'attention de monsieur Henri est sollicitée par une pluie d'étoiles filantes visible à travers les feuilles éparses et, mieux, depuis une clairière voisine. D'après le docteur il s'agirait de celle des Perséides, personne ne vérifie. On en profite pour lire le ciel, fera-t-il beau demain, saurons-nous seulement où nous situer, j'aperçois Vénus éclatante, la ceinture de Vénus, Jupiter, la constellation d'Orion, Sirius très brillante, d'autres étoiles plus faibles et presque vertes. Voyez-vous l'arche de la Voie lactée ? Bien qu'éloignée de deux virgule cinq millions d'années-lumière, la galaxie d'Andromède, composée de mille milliards d'étoiles, est visible sans instrument.

Tous ces chiffres, tant de grandeur et de réalité invraisemblables dilatent les pupilles, font ouvrir la bouche d'ébahissement. En cherchant à simplifier la théorie des planètes, le docteur embrouille son auditoire à cause de la nébuleuse parallaxe chronométrique dont rien que le nom, déjà, fait frémir. Le nouveau voisin propose de sortir la lourde lunette achromatique de Dollond qu'on se trimballe depuis le début et qui occupe de la place, à quoi monsieur Henri s'oppose puisque rien qu'à l'œil nu on voit tout. C'était pas la peine de la prendre, alors, bougonne le nouveau voisin qui commence à en avoir marre mais de quoi, mystère. Il s'éloigne dans l'obscurité en abordant d'autres sujets de moins en moins audibles et apparemment pas de première fraîcheur. De tous, c'est le docteur le plus constant : toujours alerte, toujours partant, il est un exemple à suivre.

Décidément ce livre, après la nuit festive au pied du volcan, est une histoire de lumière : nos trois arpenteurs (Jean-Paul s'est endormi avant la nuit) assistent à un flash iridium sans le savoir, ils trouvent juste que c'est unique, et la réflexion du Soleil sur les poussières qui peuplent le système donne l'impression que les lucioles sont des millions à avoir pris leur envol. Or pas du tout, au retour dans les bois elles sont parties sans laisser de trace, de traînée, à tout le moins se sont éteintes, l'obscurité règne à nouveau sans rien de spectaculaire, il est temps de se coucher.

Le départ du lendemain s'effectue à onze heures comme c'est à peu près la coutume, monsieur Henri ayant ronflé jusqu'à dix. À cause de lui qu'on entendait de partout le nouveau voisin n'a pas dormi, il a marché sous la Lune et vu un sanglier.

Jean-Paul est debout depuis l'aurore, l'attente lui a été profitable. Il a construit une douche avec des morceaux de roseaux parfaitement taillés, amené l'eau de pluie par canalisation depuis une mare ennuagée de moustiques que des traces d'animaux dans le sol ont rendue localisable.

Au déjeuner de la veille, donc quelques heures après l'avoir pris en stop, monsieur Henri a fait part à Jean-Paul de ses rêves d'aventures et de son désir qu'il restât parmi eux encore quelque temps afin de les escorter sous la croûte terrestre. Monsieur Henri s'adresse aux gens assez rarement, sa voix est douce et légèrement tremblante comme s'il craignait que son souffle ne fît s'écrouler un quelconque ordonnancement. Jean-Paul a accepté de bon cœur, on approchait justement du gouffre de Padirac. Le repas se composait de sandwiches, c'était avant que la topographie se dérègle. Maintenant le premier trou fera l'affaire.

À la sortie de la forêt, la baie vitrée de la camionnette laisse apparaître à droite le déroulé de collines couvertes de vignes, à gauche l'indescriptible état de vignes couvertes de collines. Tout devrait rentrer dans l'ordre après le premier feu qui passe au vert au bout de huit minutes, effectivement le tracé rectiligne de l'autoroute qui s'ensuit a de quoi rassurer même s'il avance au milieu de nulle part.

Pas tant nulle part que ça à en croire la stratigraphie d'un trottoir d'aire d'autoroute qui permettrait de se situer à un point précis de l'histoire dans un pays en particulier même si on peut toujours recourir aux cartes en vente dans la boutique. Mais qu'importe le nom face à la matière.

Marteau de mineur en main, monsieur Henri donne des petits coups vifs sur le ciment d'un remblai qui sépare deux places de parking et prolonge effectivement le trottoir. Les morceaux se cassent sous ses doigts, on va bientôt lire ce que la terre a écrit. Un marteau-piqueur serait plus efficace car la terre est bien cachée. Quelqu'un vient se garer. Des enfants descendent de la voiture et monsieur Henri est perturbé. Il se dirige alors vers des érables jeunes dont il inspecte à la loupe l'écorce et les pucerons du tronc, retire d'un pare-brise un chaton de bouleau et ramasse deux strobiles d'aulne glutineux qu'il fait rouler entre le pouce et l'index avant de les glisser dans sa poche. Il se retrouve en territoire à peu près connu.

Il marche encore pour le plaisir de marcher, s'éloigne du groupe, apprécie le silence de l'exercice solitaire qui lui permet d'établir à nouveau un contact simple et profond avec la vie. Même en gardant les yeux baissés sur une voie maintes fois empruntée par autrui, il découvre des éléments remarquables, barrette tordue en forme d'hippocampe, deux morceaux de bois disposés en étoile, le caoutchouc d'un pneu qui rappelle un boa. Il tourne en rond au milieu d'un carrefour lui-même giratoire pour prolonger son effort, tous les départs sont bons à prendre, s'engouffre dans la voie d'accélération avant de faire demi-tour, un camion l'a klaxonné.

Une aire n'étant jamais très sauvage, on sort de l'autoroute pour enfiler des nationales, des départementales, des vicinales, jusqu'à la plus petite voie caillouteuse.

Dès que possible monsieur Henri s'extrait du véhicule pour explorer les alentours. Il a de l'énergie à revendre. La camionnette le suit en roulant lentement ou le devance. Il quitte les chemins par des coursières rapides qui le mènent à des lits endormis, monte des pentes légères, escalade un rocher, renonce à une pente forte. Ce qu'il préfère : quand le terrain descend – il est attiré par le point le plus bas de tout ce qui est praticable.

C'est ainsi qu'il explore une gorge étroite et profonde où l'on y voit si mal qu'il doit marcher à tâtons. Il en ressort par on ne sait où, retrouve son chemin par hasard, la nuit arrivait et la température baissait. Ses chaussures ont des trous à force d'être utilisées en terrain escarpé et par endroits la plante du pied est en contact direct avec la terre.

On sent qu'il prend de l'assurance. A moins peur du danger. Elle est louche cette envie qu'il a de marcher tout le temps, d'emprunter n'importe quelle voie. On dirait qu'il s'entraîne à un exploit sportif à venir, ou deux – ça sera effectivement le cas.

Au cours de ses investigations il s'enfonce dans des broussailles, rampe, se tapit, s'agrippe à une racine ligneuse, guette la sortie au grand jour d'un animal nyctalope, enferme une sauterelle dans son poing, la relâche, fait tourner la tête d'une mante religieuse en bougeant son doigt, s'arrache des griffes d'un phasme. Il regroupe les trois bêtes dans une même famille sous prétexte qu'elles se ressemblent.

Comme il s'aventure loin et seul c'est difficile de savoir s'il continue à noter l'ensemble de ce qu'il voit sur son carnet ou s'il marche sans rien en retirer. Ce qui est sûr : il va revenir avec des sacs remplis d'échantillons de terrain et des kilos d'interrogations. Ça se lit sur son visage, l'interrogation. Par exemple il voudrait enfermer l'air quelque part afin de l'étudier attentivement mais il ne sait pas où. Pareil pour la lumière. Il voudrait capturer la lumière mais se demande comment.

Le ciel se fend. Un trou dans la couche nuageuse est visible qui laisse voir une parcelle de ciel profond. Il se sent subjugué par ce trou. Des gens aux antipodes le regardent-ils à travers cet orifice en voulant le rejoindre ? Les questions sans réponse le rendent désemparé. Plus il s'expose aux solutions moins il en a. La recherche de la vérité draine de plus en plus d'incompréhension. Chaque sujet ouvre sur d'autres sujets. L'essentiel lui échappe, peut-être que ce voyage, avec ses réponses à fournir, est vain.

En secret le docteur se débarrasse d'une bonne partie du stock qui, c'est malheureux à admettre pour la recherche, contient ce que la science a déjà depuis longtemps passé en revue. Mais la nature évolue continuellement. On n'en finit jamais de l'étudier. Donc monsieur Henri a raison sauf qu'il n'analyse pas vraiment. Se contente de collecter et d'apposer à un spécimen un nom qui parfois n'existe pas. Quand il se retrouve avec deux échantillons identiques (mais jamais tout à fait) prélevés dans des écosystèmes différents, une comparaison s'impose qui soulève la question d'une évolution ou non de l'espèce en fonction de son habitat, lui-même modifié par une donnée temporelle. Il ne comprend pas la théorie de Darwin. Le raisonnement le dépasse et découvre une quantité infinie de questions trop complexes pour lui. Il en a presque la nausée.

Le sujet à venir va nous changer les idées. Toujours pas de papillons, comme c'est étrange, mais une chauve-souris.

Le marcheur se repose à l'ombre d'une grotte pas assez profonde pour l'inviter à l'explorer mais suffisamment haute pour satisfaire le désir qu'il avait de s'y abriter, d'être protégé par quelque chose. Il a posé ses mains contre la roche humide et froide, son front aussi, évalué le nombre de couches sédimentaires qui apparaîtrait d'une coupe, s'est dit qu'il y a longtemps des premiers hommes avaient logé là. En a cherché frénétiquement des traces, empreintes, dessins, os. S'est posté sur une pierre.

En imaginant que la chauve-souris mange des papillons, osons dire que la chauve-souris est un papillon. Ou qu'au moins elle nous conduira vers l'un d'entre eux. Justement, la chauve-souris sort en vol d'une fissure du rocher à l'instant où monsieur Henri s'apprêtait à s'en aller. Il tente de la suivre du regard en tournant sur lui-même mais elle est trop petite, se déplace trop vite. Le tracé de son parcours décrit d'insaisissables courbes dans le silence de la grotte qui ne résonne pas même des battements d'ailes de la bête. L'écholocalisation la tient à distance de monsieur Henri grâce à son sonar : à peine ce dernier formule-t-il cette remarque pour lui-même en s'enorgueillissant d'avoir retrouvé le nom du système (écholocalisation) et de l'émetteur-récepteur (sonar) que le fond de la grotte s'ouvre, libérant une nuée de papillons dont certains appartiennent à une espèce anglaise très commune *(Colias edusa)*. On recense également une poignée de phalènes et un hyménoptère.

La plupart des papillons sont blancs, ils se répandent dans la cavité avant de s'éparpiller au-dehors. Déroulant leur ample fil translucide, des araignées aéronautes y attendaient que le vent les emporte. Monsieur Henri est posté dans le passage de cette avalanche qui le prend par surprise et manque de le renverser. Il ne pense même pas à en chercher la cause, à se demander comment le fond de la grotte se libère en une paroi qui coulisse, ni à capturer dans un filet ou à l'aide d'une pince un ou deux insectes, juste écarter les doigts et lever les bras pour bien sentir la vague passer sur lui, entre ses jambes, dans ses cheveux. Il ouvre grand les yeux et conserve ses sens en éveil pour ne perdre aucun détail.

La couleur des papillons se confond avec celle du ciel et quand ils sont partis, avec les nuages c'est comme s'ils étaient toujours là. L'événement ne dure qu'une dizaine de secondes et dans le plus parfait silence, pourtant monsieur Henri s'en souvient encore. Il précède un engrenage d'autres événements au cours desquels notre héros ne va plus savoir où donner de la tête.

VII

Après le départ de tous les papillons, l'ouverture du fond de la grotte fait apparaître un espace béant et obscur dans lequel se découpent au premier plan les silhouettes du docteur, du nouveau voisin et de Jean-Paul. Ils ont laissé la camionnette quelque part, sont parvenus jusqu'ici ne me demandez pas comment et invitent monsieur Henri à les suivre au centre de la Terre – puisque c'est ce qu'il voulait.

Évidemment c'est Jean-Paul qui prend la tête de la progression d'abord aisée, il y a de la place, les quatre randonneurs apparaissent tout petits sous une première voûte qui les accueille en répercutant l'écho de leurs pas au compte-gouttes – on dirait que ça glisse à cause de l'éclat luisant de la calcite sous le faible éclairage des lampes au magnésium, pourtant non. L'écho de leurs pas s'entrecoupe justement d'un goutte-à-goutte à peine perceptible mais constant provenant d'une chambre voisine ou de l'intérieur d'eux-mêmes, monsieur Henri dit chambre pour nommer chaque espace qui communique avec un autre après être passé sous une arche ou par un conduit plus bas de plafond. Il y a dix degrés d'écart avec l'extérieur, le résultat se calcule grâce au double emploi d'un thermomètre à bulbe humide et d'un thermomètre sec que monsieur Henri porte dans sa poche contre un couteau suisse et un niveau à bulle de la taille d'un stylo mais dans l'ensemble il ne va pas utiliser d'instruments (qui restent dans la camionnette) car prendre des mesures suppose de s'arrêter or dans ce milieu nouveau Jean-Paul est seul habilité à décider des pauses. Il se laisse guider par Jean-Paul.

La deuxième voûte est encore plus haute, elle arrache des râles d'admiration sous un plafond qui se perd dans l'obscurité – le nouveau voisin remarque que le clocher d'une église se tiendrait là sans problème, dans le sens duquel le docteur abonde en précisant que oui mais alors la nuit. Monsieur Henri cherche les étoiles, on s'amuse à s'inventer n'importe quoi. La lueur des lampes projette sur les parois l'ombre d'animaux fantastiques, ça c'était facile à trouver.

L'inversion du dehors et du dedans est encore plus flagrante avec la troisième chambre qui n'est pas une voûte mais un vrai paysage intérieur de montagnes, varié de tours, pinacles, éperons de roches karstiques et clochetons érodés par le vent. En guise de vent s'engouffre dans les dédales de galeries un souffle salé devenant à certains moments fort comme une vague ou un courant par coefficient de marée élevé.

Le goutte-à-goutte devient pluie une fois ce décor traversé en dépassant une ancienne cascade de glace, et la pluie sous le ciel sans nuages mais pourtant solidement couvert accompagne une bonne partie de la descente qui suit dans un tunnel étroit, chacun se tenant à la roche tapissée de mousse ou d'une autre matière duveteuse, peut-être de l'éponge d'eau douce, encapuchonné sous un vêtement étanche, baissant la tête afin de ne pas se cogner et avançant à pas prudents sur un terrain de franche déclivité, parsemé de coquillages fossilisés et cette fois bien glissant.

Le passage débouche sur un gouffre du diamètre d'une piscine de jardin hors-sol où on se laisse glisser sans réfléchir mais en sachant tout de même ce qu'on fait au moyen d'une corde raide soi-disant élastique en cas de chute. Une échelle de corde a d'abord été prévue, la descente sur échelle de corde est particulièrement technique. Elle nécessite de savoir rééquilibrer constamment le pendule créé par la jambe et le bras qui pendent dans le vide jusqu'au cran inférieur. L'échelle n'en finit plus de se plier sous les contorsions du pratiquant. Monsieur Henri, qui n'a aucune force dans les bras, doit capituler très vite et revenir au bord en se faisant tracter. La corde s'attache à un baudrier et l'utilisateur est moins sollicité.

Il ne pleut plus. Ne fait pas beau pour autant. Jean-Paul est le premier à descendre, il disparaît dans le noir en élevant la voix pour prévenir de la présence de chauves-souris géantes lovées dans des niches et monsieur Henri est à la fois heureux (chauves-souris) et apeuré (géantes) – ne pas mettre les doigts. En s'enfonçant de la sorte au milieu de nulle part un sentiment de protection grandit en lui, à croire qu'il sonde ses propres profondeurs et que ce qu'il découvre – à tout le moins le chemin qu'il emprunte – est plutôt apaisant. Pourtant il y a de quoi être décontenancé : le fond du gouffre est habité de serpents certes inoffensifs mais tout de même et le sol, planté d'une étrange herbe rouge, se dérobe en faisant disparaître les serpents après qu'on a actionné une poignée et agrippé les barreaux bien solides d'une échelle en acier qui mène à un étage intermédiaire.

L'étage intermédiaire est un boyau humide comme celui dont rêvait monsieur Henri dans lequel on s'infiltre plus ou moins facilement selon la taille du bassin, des épaules et du niveau de panique chez certains, qu'il faut suivre pendant une heure, c'est long une heure quand on rampe dans ces conditions-là, pour atteindre une salle, une grotte très chaude, trop même sans le recours à la combinaison réfrigérante de monsieur Henri dont Jean-Paul possède trois autres exemplaires à peu près similaires, bravo d'y avoir pensé.

Température de la grotte : cinquante-huit degrés Celsius. Taux d'humidité : cent pour cent. Durée maximale sur place : cinquante minutes (la combinaison évite la crise cardiaque).

Elle offre à la vue des structures en cristaux de sélénite d'une dizaine de mètres de long disposées en étoiles et irradiant une lumière jaunâtre qui remplace celle du Soleil. À cause de la lumière monsieur Henri chausse ses lunettes. Il se croit sur une plage mais peine à réaliser ce qu'il perçoit car le sujet ne ressemble à rien de déjà vu ni même d'imaginable. On dirait la salle des moteurs d'une gigantesque machine. Peut-être que tout ce qui pousse à la surface de la Terre puise son énergie ici ? Cette grotte a forcément une utilité, elle communique d'ailleurs au moyen de courts ponts arc-boutés avec quatre autres grottes identiques qu'on a juste eu le temps de survoler.

C'est surtout dans la première qu'on s'attarde. Tant de nouveauté déclenche un flot de questionnements chez monsieur Henri qui aurait besoin de papier pour en retenir les grandes lignes mais le nombre de feuilles ne suffirait pas. Il remet ses thèmes à plus tard en laissant agir la surprise librement et sans contrainte. Les pistes de réflexion reviendront. Profitons d'être là pour absorber.

La sortie se faisant par la suivante, on s'attarde aussi dans la seconde mais globalement les cinq se ressemblent et il faut faire vite. Des plantes non répertoriées poussent au pied des socles en marbre qui soutiennent les structures, oh pas beaucoup, îlots clairsemés de trèfles à cinq feuilles, buissons de tiges entrelacées dures comme du fer, paillassons d'herbe urticante, guirlandes de lobes gonflés d'un liquide blanchâtre comme celui qu'on trouve dans certaines plantes grasses. Une alarme stridente retentit suivie d'un début de tremblement de terre quand monsieur Henri cherche à prélever des échantillons, de même quand le nouveau voisin s'apprête à prendre une photo avec son téléphone. Aucun souvenir ne sortira d'ici, à peine un rapide croquis. Ni de la suite de la visite. Pas d'insecte non plus ni trace de vie animale. Ce sera différent pour après.

Voyez plutôt cette forêt luxuriante qui croît sous une lumière bleue et une température plus décente, au terme d'une descente à pied par un escalier en colimaçon très étroit taillé dans du grès qui nous éloigne encore d'une centaine de mètres du niveau de la mer.

La lumière bleue est intermittente, cinq éclats toutes les dix secondes, et la faune tout comme la flore appartiennent à des espèces répandues mais pour la première fois réunies : acomats boucans, gommiers blancs et arbres à pain, épinettes, cyprès, châtaigniers. Un cerf saute pardessus un sentier. Des traces de sangliers sont repérées. On devine la présence d'un grizzly aux marques de frottements et aux poils qu'il laisse sur l'écorce des troncs quand il se gratte.

Monsieur Henri est moins à l'aise dans cette forêt. L'apparence serait conforme à celle d'une forêt normale sans cette lumière bleue qui déstabilise et ne permet au visiteur de se sentir ni en territoire familier ni en territoire totalement étranger. Une fois les combinaisons ôtées, l'air demeure laborieusement respirable. Jean-Paul a remarqué la pâleur de monsieur Henri, dénotant que le visiteur ne sait plus où il est, commence à ressentir les effets de l'enfermement (angoisse, repli sur soi, perte du contact avec le monde extérieur). Ou d'une beauté qui le surpasse, comme Stendhal à Florence. Il lui propose de s'asseoir, de ne plus chercher à se situer, de laisser le mélange de sensations travailler, de faire le point en se concentrant sur sa respiration. Où que nous allions, quoi que nous vivions, le centre est à trouver en nous. Alors seulement l'impensable devient acceptable, comme l'apparition de ce centaure entre deux massifs d'ifs ou la contemplation de cette jeune femme sirène assoupie sur le bord d'un bassin. Elle est jolie. S'il y a bien un sujet auquel ce livre échappe c'est l'amour et le sexe. Or là, monsieur Henri perçoit l'appel ou le retour d'une attirance lointaine pour la couleur d'une peau, la nudité d'un corps, la taille d'un visage, la position assez langoureuse de la jeune femme. Ses longs cheveux ondulent sur des racines de fromager. Un sein est découvert, l'autre caché par le bras. Les doigts de la main droite se referment sur la paume en suggérant qu'ils empoignaient quelque chose il y a peu. On a envie de la laisser dormir, on a aussi envie de se serrer contre elle, qu'on espère chaude comme la braise.

Monsieur Henri qui se remet progressivement n'ose pas croire non plus à ceci : ptérodactyle en vol, brachiosaure, mammouth laineux, cerbère à deux têtes. Les créatures dégagent une odeur unique et en s'enfonçant dans les recoins obscurs on découvre des colonies de monstres mi-hommes, mi-bêtes, rejetés de la surface de la Terre. Il y aurait de quoi par cette découverte révolutionner toute l'histoire de la vie dans l'univers, de même cette lumière bleue intermittente : d'où provient-elle, quelle influence a-t-elle sur l'adaptation des espèces ?

Des hippocampes sautillent sur leur queue dans des champs de zostères. Des requins marchent sur leurs pattes dans des forêts de kelp. Mais aucun des membres de l'expédition n'est apte à engager quoi que ce soit d'efficace sur ces questions-là. On aurait dû s'entourer d'experts. Monsieur Henri, le premier, est désemparé. Ses yeux ne suffisent plus à englober le modèle. Ses crayons, ses stylos sont d'un recours limité. Il ne sait plus comment ni à quoi se rendre attentif.

La forêt se vide de ses habitants à mesure qu'on lance une approche. Des hologrammes projetés sur les feuilles basses des arbres brouillent la frontière entre rêve et réalité. Y apparaissent des visages d'êtres humains comme on les connaît. Toute cette vision est-elle réelle ? Jean-Paul est désolé, il doit presser le pas. Pour être déjà venu ici il redoute l'arrivée d'un tyrannosaure qui s'en prend aux intrus. On ne peut jamais s'éterniser, c'est ce qui préserve l'endroit de l'emprise humaine.

Une plaque dissimulée sous des feuilles mortes se désolidarise du sol en se soulevant lentement ; elle les emmène loin de la forêt par une ascension dans un large tube de verre à travers lequel ils jugent de la richesse des autres niveaux qui défilent : stalactites, pendeloques, candélabres, ruiniformes, résurgences, siphons, cathédrales de calcaire, salles de concrétion, sources chaudes, un lac, une fontaine naturelle, une rivière souterraine. Jean-Paul dit qu'il a failli nager dans cette rivière quand l'ascenseur n'existait pas et pense qu'elle débouche sur un cénote baigné d'un éclairage vert, un puits d'eau de mer en profondeur et d'eau douce en surface. Monsieur Henri, qui est toujours à la recherche de ce qu'il ignore, aurait voulu voir un cénote. Il se fait la promesse d'en savoir plus sur le sujet.

L'ascenseur s'arrête dans un hall au carrelage propre et étincelant où trois hautes vitrines leur font face en donnant le choix entre plusieurs sorties possibles. Une porte permet d'accéder au décor en mouvement qui apparaît derrière chacune.

La première sortie débouche en Californie sur le sentier du John Muir Trail. La sortie deux montre une étendue glacée sans rien d'autre pour accrocher le regard que des monticules de neige amassés par le vent. Trois : un groupe de femmes se lave dans une eau transparente à la bordure d'une jungle. Elles rient en s'éclaboussant.

Bien que monsieur Henri et le nouveau voisin trouvent à cette dernière vision un intérêt esthétique hypnotisant qui les pétrifie pendant une minute, c'est l'option quatre qui est choisie, plus cadrante, plus confortable, elle se présente sous la forme d'un wagonnet sur rails qu'on ne remarque pas tout de suite, stationné dans un renfoncement à gauche après l'ascenseur devant une porte battante marquée de l'indication écrite à la main : Trésor national. Ainsi, on ne change pas de pays. Ce sera plus simple pour le retour.

Les battants de la porte s'ouvrent, les passagers répartis parmi les sièges avant et arrière à peu près comme dans la camionnette plongent dans la nuit d'un tunnel sans fin, et après avoir longé un diverticule axial, pris la tangente d'une abside bien ordonnée, effectué plusieurs tours sur soi-même et dans d'autres sens difficiles à cerner, la lumière du jour se retrouve enfin, lointaine, diffuse, révélant seulement les contours, puis précise, forte, très blanche. On est dehors. Il fait plus froid qu'à l'intérieur.

Le wagonnet s'arrête contre une plate-forme stable, quelques pas sont nécessaires pour retrouver des appuis de surface et bientôt en levant la tête on ne peut pas le rater, si ce n'est lui ça y ressemble, l'imitation est parfaite : galbe de l'arête sommitale recouvert de neige épaisse et immaculée comme si personne ne l'avait jamais foulée, assise large et imposante tel un roi sur son trône, taille supérieure à la moyenne à des kilomètres à la ronde : le mont Blanc.

VIII

En apercevant le mont Blanc – il se détache des autres montagnes plus basses, il occupe le premier plan, on est résolument à son pied – monsieur Henri, dont les yeux s'étaient habitués à la pénombre de l'excavation, détourne son regard de la puissante luminosité du sommet qui se réverbère sous le Soleil. Il se frotte les yeux, ne comprend d'abord pas ce qu'il vient d'entrevoir et qui prend toute la place, qui prendra bientôt toute la place à l'intérieur de lui, essaye de les rouvrir progressivement. La vision se précise au bout d'une vingtaine de secondes et même une fois conscient de l'image – une montagne, une grosse montagne, de la neige sur la montagne, le sommet de la montagne dans le ciel violet – à cause d'un éclairage spécial qui tape le flanc de travers, révélant les détails par en dessous et non par au-dessus comme on s'y attendrait, et de la forte impression du sujet sur l'esprit – masse écrasant toute connaissance humaine, rien que par l'allure interrogeant des millénaires d'histoire géologique –, il hésite entre un décor naturel et artificiel que le docteur et le nouveau voisin auraient par exemple commandé à son intention – c'était déjà peut-être le cas avec le lâcher de papillons. Ils ont pourtant l'air aussi surpris que lui.

C'est le docteur qui reconnaît le mont Blanc. Il le répète ainsi : le mont Blanc, c'est le mont Blanc. En pesant et en détachant les mots. Le nom résonne alors dans les têtes avec solennité. On se remémore les reproductions qu'on a forcément vues de lui et on compare. On ne se trouve pas devant n'importe quoi. Monsieur Henri n'a pas besoin de savoir que c'est le mont Blanc pour être impressionné.

Il est encore en train de rassembler ses émotions afin d'analyser ce qu'il ressent quand le docteur se met à parler. L'intervention du docteur se suit d'un long silence au terme duquel on sent la terre trembler, c'est le wagonnet qui repart ou la montagne qui les appelle. Un aigle royal plane dans les hauteurs. Le paysage ressemble vraiment à un paysage de montagne : sapins de Douglas, mélèzes, épicéas, rhododendrons, myrtilles, calme en apparence sur les prairies et jusqu'en haut des cimes, perspectives accidentées (si l'on était moins proche du sujet on verrait se dessiner les autres montagnes avoisinantes), odeur d'aiguilles de pin et de neige (c'est-à-dire d'eau, monsieur Henri se fera la réflexion, en marchant pour la première fois dans la neige, que la montagne sent comme la mer mais sans le sel – il dira aussi : la montagne c'est la mer en relief).

Un paysage de montagne ressemble à un paysage de volcans mais monsieur Henri, malgré les recherches déjà entreprises sur le sujet, se fait une fausse idée de la morphologie des volcans : pour lui ils sont forcément bas ou de hauteur moyenne, en forme de cônes parfaitement symétriques et isolés dans un environnement dénudé, souvent verdoyant. C'est cela qu'il avait en tête et voulait aller chercher quand il est parti de chez lui. Aussi l'apparition de la montagne imposante au milieu d'autres montagnes lui fait l'effet d'un volcan en plus grand, en plus intense et donc en mieux. Il croit être devant le plus haut, le plus large, le plus puissant et le plus beau volcan que la Terre ait jamais fait jaillir, se demande s'il ne s'agirait pas d'un de ceux que l'Alaska lui réservait (celui-là les vaut tous).

Le sommet domine toutes les questions sur la vie et le monde qu'on se pose ici-bas. Explorer cette montagne, chercher à percer son mystère, c'est se trouver au cœur du monde car la chaîne des Alpes est un des édifices les plus compliqués sur la face de la Terre. Une chose est sûre : le mont Blanc devient immédiatement l'objectif final et absolu du voyage, en même temps que sa justification. Il fallait que monsieur Henri le rencontre. Il n'y a pas d'autre montagne plus haute que celle-ci dans l'univers, plus volcanique, pense monsieur Henri en la voyant. En tout cas pas de montagne à la fois aussi haute, aussi graphique, aussi proche. Il peut presque la toucher. À son pied il se sent comme un enfant désireux de se blottir dans les bras de sa mère ou de son père, de se laisser porter par elle jusqu'à son cœur, envahir par son énergie, comme si elle faisait partie de lui. Il a l'impression de devenir lui-même une montagne ou que la montagne le pénètre par les pores de la peau, circule dans son sang, gonfle son âme, occupe les vides. Il se sent comme un bloc fortifié, rassemblé, confiant. Il faudra donc l'affronter avant de s'en retourner chez soi, se lancer dans l'ascension d'une de ses faces, aussi impossible semble-t-elle, monter jusqu'au sommet qui du bas paraît si maternel, caresser sa tête, embrasser sa joue, englober les aspects de la vie qui s'épanouit tout autour, s'étale jusqu'aux confins de l'Europe et du monde – la vue porte à l'infini –, relier les éléments qui la composent (l'horizon déplie l'organisation des hautes cimes, leurs rapports, leurs structures, les angles sont liés à des lignes liées à des creux liés à des bosses liées à des pics liés à des décrochements liés à des crêtes liées à des arêtes liées à des reliefs négatifs liés à des reliefs positifs liés à des vallées liées à des sols liés à des arbres liés à des plaines liées à des plantes liées à des ciels liés à des animaux liés à n'importe quel organisme vivant lié à des roches liées à des minerais liés à des minéraux liés à une atmosphère liée à un temps géologique lié à une évolution liée à une adaptation – et l'homme dans tout ça – car tout se tient, rien n'est perdu, nous sommes au centre d'un grand ensemble ramifié) pour établir enfin une théorie définitive de la Terre. De là-haut tout deviendra clair. La formation d'une telle chaîne fournira la clé de la création de la planète. Monsieur Henri tirera ses conclusions sur le sens de l'existence et obtiendra la vérité pérenne tant recherchée sur la vie et la naissance de l'univers.

Reste à savoir comment y parvenir, au sommet, ne serait-ce que se défaire de cette plate-forme où ils se trouvent, qui semble suspendue dans l'air sans moyen d'en descendre, et rejoindre le bas du massif.

C'est encore Jean-Paul qui tire tout le monde d'affaire et d'une certaine torpeur grâce à une échelle non pas de corde cette fois-ci mais bien solide, à barreaux en bois plats, longue de quatre à cinq mètres, qui servira pendant l'ascension du mont Blanc pour passer les crevasses en meilleure sécurité que les ponts de neige. Il n'a pas dit tout de suite qu'il devait malheureusement les abandonner, il a attendu que l'équipe, dont la camionnette était garée on ne saurait préciser où sur le bord d'une route lointaine et introuvable, entre dans Chamonix à pied après avoir marché sur un chemin de campagne pendant vingt minutes, partiellement enneigé et clôturé de champs de vaches qui les regardaient sans expression jusqu'à une petite gare où un train propre et confortable les a emmenés en dix minutes dans la ville.

Monsieur Henri nota la température à bord, la durée du trajet, le nombre de personnes dans la voiture de tête et comment la plupart étaient vêtus (à moitié chaudement). Il préleva une écaille de peinture qui se détachait d'un mur sous la poignée d'un signal d'alarme en prouvant que le train était ou trop sec ou trop humide et calcula la vitesse du train grâce à sa montre et à la distance parcourue. Il voulut en savoir davantage sur les trains en général, à vapeur, électriques, depuis quand, qui les conduit, comment, en tout cas c'est bien pratique. Une camionnette ou une voiture sortent des rails, se faufilent n'importe où, c'est autrement plus avantageux, pas autant je vous l'accorde qu'une machine qui va sur l'eau, sous l'eau ou dans le ciel – cette révolution des transports est à considérer de près.

Le mont Blanc se voit de partout dans Chamonix, à la sortie du train en se retournant, dans la rue, depuis l'intérieur des magasins à travers la vitrine, dans le reflet des vitrines quand on est dehors, sur les cartes postales, dans le reflet des yeux des gens, de leurs lunettes, dans le reflet des vitres des bâtiments, depuis les fenêtres de l'auberge Beau Soleil à l'accueil de laquelle ils louent des chambres au premier étage pour une semaine.

Sa chambre est propre, sent le frais, monsieur Henri ne peut détacher son regard du mont Blanc qui n'est dissimulé par aucun nuage et offre son dôme sommital au Soleil. Le Brévent, en face, paraît bien petit. Le cœur de monsieur Henri n'a jamais battu aussi fort, pas même pour une personne – sa relation aux autres reste énigmatique –, pas même pour un volcan, pas même pour une image, une idée, une volonté. Il est face à son destin. Il n'a plus envie de courir de droite et de gauche, avide de curiosités et de stimulations ; non, il se sent fixé par un centre d'intérêt qui englobe tous les autres. Le mont Blanc va tout expliquer, il se le répète. Le regard qu'il porte à la montagne est fiévreux. Il en serait tombé amoureux que ça ne choquerait personne.

Trois jours d'ascension sont prévus, le reste réservé à l'acclimatation de la hauteur (la ville se trouve déjà à plus de mille mètres).

Le docteur surveille la tension de son patient, alimentation, taux de sucre dans le sang, le saigne une fois par semaine – oui, ça se pratique encore. Pour l'instant monsieur Henri ne montre aucun signe relatif au mal des montagnes. Il est trop fixé sur son objectif pour écouter son corps. Il se sent en pleine forme, il ne s'est jamais senti si en force, en sérénité.

Comme il faut bien sortir dans la rue pour faire l'acquisition d'un équipement d'alpinisme, régler quelques petites affaires et parce qu'on ne reste pas toute une journée dans une chambre d'hôtel, Jean-Paul, qui ne va pas tarder à s'en aller et à l'annoncer, colle des affichettes dans les boulangeries et à la caisse des enseignes spécialisées afin de dénicher un guide acceptant d'accompagner le groupe au sommet sans forcément une grosse récompense. Juste pour la beauté du geste et figurer dans ce livre.

Monsieur Henri se déplace sur les trottoirs et les voies piétonnes avec fierté, bombant le torse et marquant bien le mouvement de balancier des bras, car aucun doute pour lui qu'il est le premier à oser se lancer dans une telle aventure et que ça commence à se savoir dans les chaumières. Le mont Blanc reste un espace vierge à conquérir ; valse des continents et tectonique des plaques ne sont pas encore au programme. Je me demande même s'il a une idée de ce qui tourne autour de quoi dans le système solaire, en quel sens, et si c'est rond ou plat.

C'est donc à peine s'il remarque le nombre d'agences proposant les mêmes services qu'il recherche et le nombre d'intéressés obligés de figurer sur liste d'attente pour effectuer l'ascension. On lui dégotte tout de même rapidement un cristallier et chasseur de chamois de choix en la personne de Jean-Jacques Balmat, descendant d'un ancien illustre cristallier et chasseur de chamois de choix à Chamonix (autrefois Chamouni). Ne nous lançons pas dans l'histoire de la famille mais bon, tout ce que je peux dire est que Balmat n'est pas n'importe quel nom ici.

Le rendez-vous est donné derrière le McDonald's, justement sous une statue de l'arrière-arrière-grand-père de Balmat en compagnie d'Horace Bénédict de Saussure qui pointe son index vers le sommet de la montagne. Monsieur Henri prend cela comme un signe. Quelque chose de fort a déjà commencé à se passer avec ce relief-là, une aimantation, un questionnement collectif, on attendait qu'il arrive pour avoir les réponses.

La prise de contact entre Balmat et le nouveau voisin démarre bien puisque Balmat se présente par son prénom, ce qui est déjà dans certains cas une manière de mettre son interlocuteur à l'aise et il se trouve que les prénoms sont les mêmes pour les deux – trois Jean-Jacques auront été cités dans cette histoire. Il y en a toujours un pour le faire remarquer, les liens s'établissent alors plus rapidement, voire se resserrent. C'est un peu comme les maîtres entre eux à propos de leurs chiens de même race. La poigne de Balmat est énergique, ses doigts sont râpeux, on sent qu'il a déjà tâté du roc, escaladé, éprouvé son corps aux rudesses de la verticalité et des dévers. Elle fait sauter ses épaules courtes mais robustes, l'ensemble trapu est traversé d'énergie, très résistant sans nul doute au froid, au gel, au temps (il n'a pas d'âge), à tout (comme un rocher de granit). Il porte un simple pantalon trop court et un gilet de laine sur une chemise en flanelle surmontée d'un chapeau rond aplati, ce qui lui donne un air de berger de la fin du dix-huitième siècle. Son regard noir s'illumine d'éclairs de détermination à chaque fin de phrase, effet impressionnant et signe de caractère. Il en faut du caractère pour guider dans la montagne, surtout celle-là.

Le contact entre Balmat, le docteur et monsieur Henri se passe comme avec le nouveau voisin, point commun du prénom en moins, c'est-à-dire bien. Monsieur Henri n'est pas aussi ouvert qu'avec Jean-Paul. L'imminence de sa mission le tient à distance du groupe, replié sur ses pensées, concentré. Contrairement aux volcans et hors certaines situations, il n'a jamais été très effusif. La présence du mont Blanc l'obnubile, il se prend pour un chef qui doit garder la tête froide pour les préparatifs. Une ascension si délicate requiert un équipement complet et bien choisi.

En décryptant à distance la surface de la montagne monsieur Henri cherche le meilleur itinéraire, se projette à certains endroits mais on ne peut pas tout voir. C'est Balmat qui pense aux cordes de chanvre, piolets, semelles à crampons, pas besoin de baudrier on enroulera les cordes autour de la taille. Des porteurs (cinq ou six) se chargeront des échelles, des perches et des grands bâtons de frêne à bout ferré pour tester l'épaisseur et la solidité de la neige, détacher les séracs de leur équilibre précaire. Il faudra emporter des rouleaux de toiles de tentes, un lit de camp, de la paille pour les matelas, des couvertures, des parasols contre la lumière, des crêpes noirs à poser sur le visage contre la réverbération de la neige, du bois pour le feu, des lampes à pétrole en cuivre, des casseroles, des provisions, une cuisinière ou un cuisinier, à moins que Balmat ne s'en charge.

Un mulet ou une chaise à porteurs seraient appropriés pour épargner à monsieur Henri la fatigue de certains tronçons mais avec un tel équipement ça risque d'être chaud dans les couloirs à quarante-cinq degrés et les falaises acérées.

Le nouveau voisin montre des signes de lassitude devant cette dernière étape. Depuis bientôt un mois que ça dure, il souhaiterait que ce grand tour cesse. Sa pelouse a dû pousser. Un tas de choses l'attend. Il pense à sa maison, son garage, sa tondeuse, les outils bien rangés dans son atelier. Finalement il n'a pas trouvé d'endroit où emménager.

Dans les rues de la ville, installé sur un tabouret à la terrasse d'un café où des tonneaux de vin font office de tables, il hésite à reprendre le train, du vin. Le docteur, qui voit poindre la mélancolie chez son acolyte, paye sa tournée et lui redonne courage. On n'a pas fait tout ce chemin pour rien, dit-il. Il faut laisser monsieur Henri avoir l'impression d'atteindre un but. C'est l'affaire de quelques jours. Et puis on en a vu de belles choses. Ensuite tout redeviendra comme avant. En mieux. (Il n'explique pas pourquoi.)

On fait les boutiques du centre-ville pour s'habiller. Monsieur Henri tient à être le plus élégant possible pour sa noble entreprise. Il envisage l'événement comme un mariage, une union sacrée.

Un vendeur propose trente pour cent de réduction sur les produits coupe-vent, étanches, déperlants, pulls en polaire, sous-pull microfibres, doudoune duvet d'oie et Gore-Tex mais monsieur Henri n'apprécie ni les couleurs ni les matières, encore moins la manière dont le vendeur laisse penser que la montagne est acquise – comme si tout le monde la pratiquait. Il confie sa liste à la boutique des Deux Oursons, atemporelle, discrète, au fond d'une impasse claire, qui n'accueille pas la même clientèle et sait vêtir ceux qui recherchent l'émerveillement de la première fois. Il ressort dans un costume trois-pièces en laine gris anthracite avec chapeau haut de forme fourré, bord à rabattre sur les yeux en visière et tour de cou, fourrées également les chaussures vernies en cuir et ferrées, épaisses les chaussettes et de gousset la montre.

Dans la rue il se déplace difficilement, les souliers ferrés sur l'asphalte je vous invite à essayer, pas évident tout de suite, hésite quant à la direction à suivre, où aller, que faire, comment employer son temps avant l'ascension, comment s'y prendre lors de l'ascension, tout est si nouveau. Il doute. La peau va s'assouplir, le pantalon aussi, la veste est raide mais tient au corps, l'habitude viendra. On lui a fait cadeau de jambières en cuir aussi en prévision de la poudreuse, de guêtres de drap se boutonnant sur les côtés ainsi que d'une paire de guêtres plus classique quoique passée de mode, en nylon de marque K-Way – au choix.

Balmat entre dans le champ à ce moment-là, il met fin au flottement en lui couvrant les épaules d'une redingote rouge qu'il tient d'un ancien très bon ami de la famille – de Saussure lui-même – (par chance Balmat affiche le même style vestimentaire) car il s'est mis à pleuvioter et il fera froid là-haut. Ce geste indique que Balmat tient les rênes. Comme à Jean-Paul jusqu'à maintenant, confiance peut lui être accordée.

Toute pluie finit par cesser et au matin de l'avant-veille du départ, en ouvrant les volets et la fenêtre de sa chambre d'hôtel, dans l'air froid et sec monsieur Henri inspire face à la montagne qui n'a pas bougé depuis la veille, n'attend rien de personne, se suffit à elle-même, ne sait même pas qu'elle est montagne, montable, belle, resplendissante sous les premières lueurs de l'aube, détachée du reste du monde, mettant les nerfs à rude épreuve – comment lui plaire, comment faire pour qu'elle nous remarque : monsieur Henri a encore rêvé d'elle. Il a parcouru ses champs de blé, de canne à sucre et d'indigo semés de bouquets d'arbres, de hameaux, de jardins et de fermes reliées par un réseau piétonnier où s'épanouissaient des buissons en fleurs ; au pied des chalets poussaient de grands ceibas jaunes et des erythrinas pourprées. Des milliers de flamants roses, de hérons et de canards sauvages volaient dans le soleil couchant. Le décor ne correspond pas du tout au mont Blanc mais au lac de Valencia au Venezuela – les rêves fabriquent d'étranges associations. Pourvu que monsieur Henri ne soit pas déçu, il n'y a pas autant de couleurs en montagne. Le rêve avait eu l'avantage de le détendre et de le préparer mentalement à toutes les situations.

Après avoir bloqué le volet de gauche en soulevant le loquet fixé à la façade, monsieur Henri se tourne vers le second loquet sous le volet rabattu de droite et à mi-parcours, c'est-à-dire penché au-dessus de la rue, vue sur une partie des toits, les gouttières et la conscience des tuiles qui viennent après, avec la présence de la montagne au-dessus il reçoit le choc d'une révélation, d'une conviction fugace : celle de s'être tenu là, enfant, dans la même chambre, la même auberge, à la même fenêtre, à sentir la même odeur, à regarder dans la même direction, traversé par la même sensation, celle de la nature pleine, dominante, l'humanité si dérisoire devant et ce que ça implique d'élévation, de relativité et de légèreté par rapport à une réalité trop lourde parfois. Il se souvient qu'un point rouge minuscule flottait dans le ciel limpide, s'éloignait en silence de la cime du mont, un ballon, un parachute, un parapente ou une montgolfière qui inspirait la paix. Ça se passait ici ou peut-être ailleurs mais ça ressemblait tout de même bien à ici. À sept ans il venait de lire dans la nuit son premier livre d'une traite, ça l'avait rendu fier et au matin il tombe sur cette vision. Ces deux événements successifs et qui s'enchevêtreront auraient accompagné son existence jusqu'à maintenant sans qu'il en mesure la portée, lui aurait donné envie de se lancer dans un grand projet qu'il n'avait toujours pas réalisé. Il se plaît à penser qu'il aurait vécu, depuis, à l'ombre de lui-même, d'une façon ou d'une autre. Et qu'il n'est jamais trop tard pour se réveiller. C'est ce qu'il a déjà commencé à faire depuis le début du livre et qu'il compte parachever à présent.

Balmat est déjà debout, il s'étire dans la cour sur le parking entre les voitures gelées car malgré la saison (première quinzaine de juin) le froid est tenace et l'heure matinale. En fait de s'étirer, comme il n'est pas très souple, il sautille, se réchauffe ou s'échauffe avant une marche qui va bien durer trois heures au milieu des alpages jusqu'à un hameau de chalets d'où l'on apercevra une rangée de pics aux arêtes vives derrière laquelle se soulève la chaîne du Mont-Blanc. Ça commencera à monter légèrement après, à s'incliner doucettement, puis la première neige apparaîtra, fondue, marronnasse, rien de bien enchanteur mais attendons la suite, le déroulement de l'ascension véritable, après un pique-nique pris dans une cabane en bois de pin où ça caille sévère, monsieur Henri soufflant dans ses mains et n'aimant pas trop manger dans le froid – ça s'annonce mal.

Nous sommes au deuxième jour d'entraînement, le premier a consisté en une longue marche chiante de cinq heures au bord de la départementale : rien que des voitures, des camions, des motos, des tracteurs, des cars à observer et à compter. Monsieur Henri a senti des brûlures aux pieds et a consenti à troquer définitivement ses souliers contre de grosses baskets à semelles Vibram. Pour l'habituer à l'escalade Balmat l'a fait grimper aux branches d'un saule dont l'une d'elles casse au-dessus de la route, en situation il faudra de la même manière veiller aux prises des rochers qui lâchent, porter un casque. Monsieur Henri trouve que l'écorce de la branche et le point de rupture méritent d'être étudiés et la place sous son chapeau. Jean-Paul a pris congé du groupe au terme de la chute de monsieur Henri en se faisant prendre en stop exactement à l'endroit où monsieur Henri était tombé. L'Afrique du Sud l'attend. On le remercie chaleureusement, s'ensuit un échange d'adresses qui n'aboutira, comme à chaque fois, nulle part.

La veille du départ est consacrée à la récupération mais monsieur Henri n'est pas fatigué, impatient même ; il n'en peut plus de perdre son temps, ne considère pas l'ascension du mont Blanc comme une performance sportive, plutôt comme une exploration culturelle ouverte sur l'inconnu pouvant démarrer n'importe quand. Et puisque personne ne l'a jamais grimpé, se persuade-t-il à croire, comment savoir qu'un entraînement est nécessaire ? Que peut-on présager de ce qui nous attend ? Il est prêt à partir le jour même. Balmat n'est pas de cet avis. J'aurais peut-être dû l'emmener aux Contamines, se dit le guide qui connaît le terrain, sur l'aiguille du Midi, l'initier à la varappe, au manque d'oxygène, mieux le préparer. Toujours est-il que le grand jour arrive.

Nous sommes dans l'entrée de l'auberge, tôt le matin. Monsieur Henri a amassé un lot de renseignements assez complet dans des prospectus rangés contre un présentoir en plastique sur la table basse du petit salon d'accueil. On y voit le mont Blanc sous différents aspects, de près, de moins près, plus ou moins bien représenté, si c'est une photographie elle est floue et ressemble à un mauvais dessin. Monsieur Henri y remédiera. C'est important de bien faire voir le monde au monde pour le comprendre et le faire comprendre. D'où l'importance des notes qu'il prend et des croquis qu'il esquisse. La question du regard et de la représentation du sujet est corollaire à la recherche de sens. D'après monsieur Henri, pour représenter le mont Blanc il faut le regarder du bas, bien le visualiser, l'imprimer sur la rétine, le mémoriser et, si on y arrive, projeter avec les yeux cette image sur le papier mais c'est techniquement impossible. On doit forcément en passer par des crayons, des pastels, des pinceaux, des mines de plomb, des feuilles, du bois, de la toile. Et le représenter aussi par portions. Lui, choisira le dessin souvent, l'aquarelle et la gravure en creux parfois : eau-forte sur papier vélin. Comme chacun sait, sont venus concurrencer cette discipline, jusqu'à la photographie actuelle, le daguerréotype, le calotype puis la vue stéréoscopique sur verre (positif sur verre albumine). Mais l'œil ne change pas, c'est lui qui décide de voir ou pas, et comment. Monsieur Henri se sent libre de découvrir le mont Blanc à sa façon. Il compte le cartographier au mètre près et sous tous les angles, imaginer des coupes ; une fois au sommet établir la hauteur et former un panorama qui dévoile, comme on a écrit, la cohésion de l'univers, montrant ainsi qu'un début de réponses aux questions les plus complexes est en marche. Nous sommes à l'aube d'un grand progrès.

Sur le papier des noms l'ont fait rêver, c'est comme s'il les avait intégrés et déjà gravi la montagne : ressaut de roc, corniche, névé, pont de neige, pont de glace, crevasse, faille, brèche, trou, refuge, arête de la pointe Percée, les Drus, les Droites, les Courtes, la face nord du Requin, la pointe des Papillons, monolithe de l'arête des Cosmiques, mieux : Grand Gendarme des Cosmiques (rien que le nom, ah, si on pouvait l'escalader), couloir, défilé, pénitent, moraine, ridelle, escarpement, surplombement, enrochement, pergélisol ou permafrost, précipice. Par métonymie et synecdoque il s'imagine le reste et n'a presque plus envie de partir, se satisfaisant pleinement de son imagination.

Sept heures du matin viennent de sonner à l'horloge, monsieur Henri est assis dans un confortable canapé du petit salon de l'auberge où la chaleur atteint la température non moins confortable de vingt et un degrés contre cinq dehors, à quoi vous enlevez encore six et demi tous les mille mètres ce qui nous donne un bon petit moins vingt sur les cimes. Dans ces conditions, on est en droit de réfléchir à sa motivation. Ne peut-on pas passer la matinée à lire un livre au sujet du mont Blanc ou autre ? À dessiner, à écrire, à mettre ses idées au clair ? (C'est ce que j'aurais fait, moi, personnellement.) Mais l'imagination ne suffit pas toujours. Il faut parfois se coller à la réalité pour s'en défaire.

Monsieur Henri attend l'arrivée des trois autres, le nouveau voisin prend son petit déjeuner pour la quatrième fois du matin, il profite d'être à l'hôtel pour se servir à volonté. Balmat est déjà dehors et s'étire le mollet contre un pare-chocs de voiture. Il porte juste un short pour le bas. Le docteur a fini de remplir sa trousse à pharmacie et emporte une valise pleine d'instruments de médecine. Monsieur Henri a engagé deux porteurs au lieu des six prévus par commodité budgétaire qui viendront en queue de groupe lorsqu'ils marcheront en file indienne, c'est-à-dire tout le temps sauf au début dans les gentils et larges chemins d'alpage ou pour traverser une clairière (le dernier profitant de l'espace de manœuvre pour remonter jusqu'à l'antépénultième mais dans l'ensemble ils restent alignés).

C'est Balmat qui ouvre la voie, suivi de monsieur Henri qui aurait aimé être devant, du docteur qui veille sur monsieur Henri et du nouveau voisin qui veille sur les avalanches en regardant tout autour. Les instruments de mesure ont été réduits au minimum : carnet de notes et de croquis pour les calculs de distances et de hauteurs, les noms d'animaux et de plantes, stylo antigel, baromètre standard grâce auquel on indiquera l'altitude et boussole de poche, thermomètre, loupe, microscope, télescope, longue-vue, sextant, horizon artificiel (ce genre d'objets inutiles dont il méconnaît l'usage), nuancier pour déterminer l'intensité du bleu du ciel (appelé cyanomètre), couteau et vasculum pour ranger les prélèvements.

Les premiers mètres de l'ascension se déroulent sur des parkings au milieu des voitures garées devant des supérettes, et à les voir encordés sur du goudron sans neige pour ne pas tomber dans le caniveau, à se détourner d'un obstacle, par exemple deux rangées de caddies parallèles alignées sous leur abri ou un camion-benne, et pour autant concentrés sur leur objectif qui ne les quittait pas des yeux et occupait les cieux, on se demande s'ils n'auraient pas dû s'équiper plus tard. Surtout que la deuxième partie du voyage (la première avait consisté à s'éloigner de l'auberge pour se rendre aux abords de la gare routière) consiste à monter dans un taxi, toujours encordés, jusqu'à la gare de chemin de fer de Saint-Gervais d'où l'on attrape un train à crémaillère bien chauffé qui vous monte pendant une heure au col du Nid d'Aigle à la vitesse de quinze kilomètres-heure et pour monsieur Henri cette vitesse est tout à fait convenable, il n'aurait pas mis d'opposition à atteindre le sommet de la montagne à bord.

Sortir du train en haut du col ressemble à une sortie de couette longtemps après la sonnerie du réveil. Presque tout le monde s'était rendormi. Il n'y avait que monsieur Henri pendant le trajet qui essayait de créer des liens entre les espèces d'arbres en fonction de leur forme, d'isoler des familles, de repérer les fleurs nouvelles (violette convoitée par minuscule papillon orange).

Puisqu'on montait, on voyait forcément de plus en plus loin à l'horizon sauf quand un rocher ou la forêt dissimulait la vue, et le déploiement des cimes apparaissait qui donnait le vertige. Monsieur Henri n'avait jamais été aussi haut en se sentant si bien. Il faut croire que la montagne lui réussit mieux que les volcans.

Le chemin d'altitude après la gare est d'herbe rase, il y a du lichen sur les rochers, monsieur Henri dit à tous de venir le voir mais ça ne surprend que lui. Il procède à un premier relevé de l'altitude, de la température et de la pression de l'air. Comme dans son jardin il compte chacun de ses pas pour évaluer au millimètre la distance parcourue. Il observe certaines choses sans rien dire ou en disant quelque chose. Parfois ce qu'il dit est audible, parfois non. Quand c'est audible c'est compréhensible ou incompréhensible. Parfois cette chose est proche : l'aile de ce qu'il prend pour un scarabée (élytre rugueux d'un *Trox scaber*), une colonie de fourmis (étrange à cette altitude, tout comme le vol de cette mouche) ou loin : la crête d'une autre montagne, la mansarde d'un chalet dans la vallée, le toit rapiécé d'une cabane, la cime d'un pin qui se balance.

Ça devient compliqué de poser le trépied de ses instruments à cause de pierres qui arrivent et roulent sous les pieds mais avant d'atteindre le glacier on a tout de même le privilège d'entendre des tétras, des sittelles et choucas, le vent dans les aiguilles et il n'y a pas que des aiguilles aux arbres, donc le vent se charge de toutes autres sortes de bruits, par contre celui-ci est bien distinct : le flux continu d'un filet de torrent proche qui se casse contre les cailloux. C'est apaisant. Personne n'est angoissé mais c'est apaisant quand même.

Un lièvre d'Amérique est repéré, un renard blanc du Mexique admiré, un rat du Brésil capturé aussitôt relâché (monsieur Henri voulait toucher sa queue et obtenir un échantillon de bave en vue d'une expérience secrète).

La marche sur glacier s'annonce d'entrée de jeu délicate sans crampons même avec les souliers ferrés que monsieur Henri n'a plus et la corde qui relie nos compagnons à une distance de cinq mètres chacun. Donc on cramponne. Il faut s'aider d'une claie de portage au bord des crevasses et les traverser en usant de l'échelle comme d'un pont sur lequel on passe accroupi. À l'aide de cette même échelle : se hisser sur les pics et colonnades quand le burin, le piolet ou le marteau de cristallier ne suffisent pas, se déplacer en hauteur sur des murs avant de redescendre grâce à l'échelle et de remonter grâce à l'échelle. Balmat sculpte des marches dans la glace. On se croirait au milieu d'une mer de nuages pétrifiés. Certaines alcôves ont la couleur de l'océan ou du ciel et l'on s'y loverait si le danger ne nous retenait pas. D'étroits passages mènent à des tunnels d'où l'on ne ressort jamais.

La réverbération de la lumière sur le visage est intense, amoindrie par le bord des chapeaux rabattus sur les yeux et les voiles de crêpe double antisolaires dont on se couvre le visage. Ce sera pire après, dit Balmat. Le mont Blanc rayonne davantage que le Soleil. C'est un Soleil en triple. Pire que la surface de la mer. Il brûle la peau et rend aveugle. C'est normal, pense monsieur Henri qui s'est muni de lunettes glacier (et même avec, fronce les yeux), puisque c'est un trésor. Tous les trésors reluisent.

Pour l'instant il suit parfaitement, n'a pas plus froid que s'il se trouvait dans un freezer géant de réfrigérateur ou dans le congélateur de son garage. Comme à beaucoup d'autres endroits, on croise des touristes que monsieur Henri prend pour des membres de l'expédition et qu'il salue à chaque fois solennellement en soulevant son haut-de-forme. La marche sur glacier débouche sur une vaste prairie glissante mais encore verdoyante, piquetée de neige et sur le peu de neige des déjections à moitié gelées de bouquetins, de loups ou de marmottes que monsieur Henri s'empresse de décortiquer et d'en placer quelques morceaux dans son vasculum. On peut refaire toute l'histoire d'un lieu grâce à ces indices. Par contre nulle empreinte d'animal. Il faut dire que la neige est encore éparpillée, ce qui ne va bientôt plus être le cas : à partir de je ne sais pas quelle hauteur ni heure (demander à monsieur Henri), à la suite d'un pique-nique sous un enchevêtrement de demi-troncs de pins censés protéger d'on ne sait quoi, pas du froid ni de la neige, la voilà qui tombe en lourds flocons et recouvre l'environnement en un rien de temps d'un matelas uniforme : la cabane, l'entrée de la cabane, les arbres, les branches, les pentes, les rochers, le moindre trou, la moindre fissure, une tige, un pétale, un fil d'araignée, la pointe de l'oreille de qui en a (de pointe). Elle accentue le silence déjà profond et épaissit la distance entre sa surface et ce sur quoi elle s'est posée, si bien que s'agissant du sol où l'on marche, c'est beaucoup plus difficile d'avancer qu'auparavant et de reconnaître son chemin. Tout se ressemble. À quoi ajouter : comme avec la mer encore, une indistinction locale entre la neige et le ciel, allez maintenant savoir quelle direction suivre.

Il semblerait que la survenue de la neige marque une étape entre ce qu'était la vie auparavant (même dans la solitude de la nature on se sentait entouré de mille présences) et la vie qui les attend : juste la neige, le roc, les arbres de moins en moins, les plantes de moins en moins, les animaux de moins en moins. Ça commence à se jouer entre soi et soi. Mais c'est peut-être une idée qu'ils se font. Ou que monsieur Henri se fait. Car ils ne sont pas très haut. La vue de la neige est pour monsieur Henri un miracle, un signe de la divine montagne, un encouragement paradoxal à poursuivre son ascension. Balmat lui a fourni des gants en soie assortis à sa redingote, enfin pas tout à fait puisqu'ils sont noirs. Il plonge ses mains dans la neige. Il observe à la loupe les flocons, s'assoit sur une souche dont il a déblayé la couche du revers de sa manche et installe son microscope sur ses genoux. Il y a toutes sortes de cristaux de glace aux formes variées, c'est un kaléidoscope éphémère dont il faudrait cataloguer l'exhaustivité des figures, les reproduire, les afficher tant elles sont complexes et stylisées mais je crois que personne encore n'y est parvenu. Ensuite évidemment comme il est un peu joueur il se roule dans la neige, teste sa propriété à se rendre glissante pour qui ou quoi lui résiste, à condition qu'elle soit déjà dure, là nous avons affaire à de la poudreuse, bonjour la galère. Elle arrive au-dessus du genou, donc forcément les guêtres en drap de monsieur Henri montrent instantanément leurs limites, les pieds sont trempés, on aurait dû venir plus tard dans la saison (fin juillet début août). La neige est alors plus haut, dit Balmat. Ici paissent des moutons par centaines.

Le groupe passe une bonne moitié de l'après-midi à monter en zigzag sur une inclinaison moyenne de trente-deux degrés sans que personne se plaigne puis viennent les premières plaintes, du nouveau voisin d'abord qui a froid malgré son manteau de fourrure en peau d'ours et des porteurs qui d'ordinaire sont mutiques (un porteur porte, mais là il porte beaucoup). Il y en a un qui porte une lourde caisse sur son dos, c'est très pénible de porter une caisse, comment voulez-vous ne pas vous scier les épaules avec la corde de soutien, et l'autre une cage à oiseau avec un canari plus un parasol sous le bras enserré dans la toile avec les piquets de tentes. Les vivres, le bois à brûler, les instruments de physique sont répartis à peu près équitablement dans des sacs et la vaisselle suspendue où on peut sur les côtés. Les matelas de paille et le lit de camp sont tirés par le premier, qui s'allonge pendant les pauses (on retiendra cette attitude sur son salaire), entre les deux viennent l'échelle, les perches et tous les outils d'alpinisme – Balmat s'est enroulé ce qu'il pouvait autour de lui.

À leur décharge notons à quinze heures seize ce concours de circonstances : zigzag devient esperluette, esperluette devient arobase (on tourne en rond). Le brouillard s'est levé, le vent, la pente aussi, la nuit va tomber. Balmat monte le camp sur-le-champ qui n'est peut-être pas un champ mais une crevasse recouverte d'un pont de neige que la chaleur des corps sous la tente pourrait faire fondre au cours de la nuit et alors je ne vous raconte pas la tragédie, je vous épargne aussi les menaces d'avalanche. Le risque est pris, on va même jusqu'à faire un feu pour éloigner les éventuels prédateurs et se réchauffer le bout des doigts. L'altitude est d'environ mille deux cent quatre-vingt-deux toises, deux mille cinq cents mètres, huit mille deux cents pieds, presque cent mille pouces, environ une demi-lieue, autant sont encore à grimper mais pas de malaise en vue ni d'engelure.

Pendant toute la journée monsieur Henri s'est arrêté douze fois par heure pour noter son nombre de pas, mesurer ce qu'il pouvait à l'aide d'instruments souvent défectueux car obtenus à bas prix et à la va-vite en ville, regarder autour de lui, croquer des paysages, se réjouir intérieurement d'être sur ce qu'il croit être le centre du monde. Mais le ciel bas, les flocons et bientôt le brouillard n'offrent pas de bonne visibilité. Avant de se coucher et malgré le froid mordant, il observe avec son télescope le ciel qui vient juste de se dégager, c'est toujours ainsi, c'est la nuit qu'il fait beau, le ciel magnifique en cette nuit sans lune et à cette hauteur.

À la lueur d'une lampe à huile et sous sa tente, donc un peu protégé de la brise qui pique, il range des brindilles, des éclats de pierrailles et de la terre dans des sachets qu'il étiquette en marquant le lieu, la date et l'heure du prélèvement. Il aligne ensuite les sachets dans une boîte qui rentre dans une petite caisse. La petite caisse rentrera dans une caisse moins petite. Son herbier est aussi présent dans la caisse la plus grande avec sa presse, le papier journal et le sécateur.

À la veillée le nouveau voisin a sorti sa guitare congelée d'un papier bulle et un violon dont il n'a pu tirer aucun son – l'ambiance ne s'est pas réchauffée. Heureusement Balmat avait un triangle, le docteur a dansé et tapé dans ses moufles ce qui a eu comme effet de tasser la neige devant l'entrée de la tente (une bonne chose).

Au moment de s'endormir, monsieur Henri qui n'avait plus trop froid grâce à son lit isolé du sol et aux différentes couches de couvertures que le docteur avait posées sur lui (révélons discrètement la présence d'un radiateur portable à batterie solaire longue autonomie qui doit aider) a eu peur de ne pouvoir se réveiller : on ne sait pas, le sommeil est peut-être éternel ici. Personne n'a encore dormi aussi près des cimes. Le réveil du lendemain met fin aux questionnements et marque le début des courbatures et des plaies aux pieds, avec du courage et de l'effort le sommet peut être atteint dans la journée.

Il est trop tôt, le jour ne s'est pas levé mais dans le ciel clair on y voit presque comme à midi grâce entre autres au sommet du mont Blanc dissimulé qui agit dans l'obscurité telle une lanterne phosphorique : l'ombre des pics qui s'étale sur la partie nord-ouest du paysage permet de se faire une idée des masses et des distances et de la vue qu'on n'a pas eue la veille. C'est à peine si on a campé au bord d'une falaise.

À mesure que les heures passent et que la lumière s'intensifie du ciel sur les montagnes et des montagnes au ciel, les marcheurs s'engagent dans une vallée de neige gelée qui semble mener droit au sommet. À cause de l'orientation de la vallée et du terrain qui remonte de chaque côté, la circulation de l'air devient difficile, le Soleil cogne même sous le parasol et des symptômes qu'on croit liés à une sorte de stagnation de l'atmosphère apparaissent : fatigue excessive, manque d'appétit, brusque envie de dormir. Continuez sans moi. Je m'écroule là et vous rejoins. Personne ne veut poursuivre. On parle d'une montagne maudite, d'un mal qui s'abat sur les imprudents. Le projet est en train de flancher. Le docteur finit par reconnaître l'effet de la raréfaction de l'oxygène liée à l'altitude et alors tout le monde va mieux, un camp de base est proposé pour acclimater les organismes.

Une journée entière à ne rien faire, à boire des tisanes et du potage pour se réchauffer et c'est reparti. Balmat a effectué un aller-retour express à Saint-Gervais pour se réapprovisionner en fruits secs et saucisson – sacré guide, sacrés jarrets.

Le quatrième et normalement dernier jour se marque d'emblée par la fatigue, l'effort intense à fournir pour soulever une jambe, tendre un bras quand il s'agit de se tenir à une pierre ou à la glace. Le manque d'oxygène rend chaque geste, chaque pensée pénible : corps et moral accusent le coup. Le nouveau voisin s'est endormi en marchant, on l'allonge sur le matelas que l'un des porteurs, toujours le même, toujours celui qui porte le plus, continue de traîner pour ne pas perdre de temps. Monsieur Henri qui avait beaucoup de problèmes d'acclimatation au début de ce voyage s'en sort plutôt bien, sa motivation dépasse la douleur, le froid et la fatigue. Ses sens en permanence aux aguets lui font oublier le vertige et autres désagréments. Il poursuit ses expérimentations, ses observations. Un hygromètre aurait été utile, de même qu'un électromètre pour le degré de l'électricité aérienne. Et le champ magnétique ? A-t-on idée du champ magnétique dans les environs ? Le baromètre indique seize pouces et une ligne. Monsieur Henri inscrit le résultat qui n'évolue pas proportionnellement à leur marche. Il relie par une ligne imaginaire les saillies des rochers afin de construire un réseau de structures qui soutiennent la nature. De mémoire, il compare ses expériences en bord de mer avec celles qu'il entreprend ici. Il y ajoute des conclusions hâtives sur l'examen des effets de la Lune, de la pluie, du Soleil, du gel, du dégel, de l'orage, de la foudre et du vent sur les éboulements catastrophiques, l'érosion active des torrents dans les vallées transversales et longitudinales, l'action lente des glaciers faite d'avances et de retraits ; en ressort un agrégat de données informe et indigeste qui ne plairait pas aux plus rationnels. Parfois il s'éloigne du groupe en se détachant de la corde pour chercher des cristaux de pierre ou pour contempler le paysage. Il tombe en arrêt sur des scènes banales mais éclairées ou composées de telle manière que ça l'interpelle : arbre penché, arbre penché sur fond de manteau neigeux, manteau neigeux dont la perspective est coupée par un arbre penché, forêt, silence de la forêt, silence en général, tout de même son d'un filet de torrent invisible se faufilant sous des pierres sous la neige. Tout à coup il se trouve face à un four de quartz. Reste en extase. Deux papillons passent : petite phalène grise et myrtil. Il n'aurait jamais cru en croiser à cette altitude. Il est comblé. Tente de les suivre mais la neige devient impraticable, arrive au niveau des hanches. On le hèle. On ne sait pas où il est. Ne vous éloignez plus jamais sans prévenir. La fascination continue : un perce-neige, là. Un edelweiss, regardez. Prise dans la glace : *Aretia helvetica* extrêmement rare.

Au fur et à mesure de la montée la piste se dévêt de toute coquetterie botanique : bois, buisson, végétation : on entre dans un désert blanc. Ça devient flippant. Les signes de vie s'amenuisent, comme le reste, comme les chances de continuer à ne pas mourir dans ces conditions-là. Le thermomètre indique quatre degrés au-dessous de zéro à l'abri du vent mais il semble hors fonction. On se réchauffe alors dans le regard d'autrui qui, tant qu'il est encore vivant, émet au moins une petite flamme.

Arrive la partie la plus chevaleresque du parcours : couloir verglacé incliné à cinquante degrés qu'il faut traverser sur cinq cents mètres, éboulement de pierres pendant cette traversée, rétablissement à la base d'un glacier sur un plateau stable et réconfortant, pause, barre de céréales, eau congelée, courte sieste, escalade à mains nues d'une aiguille déversante et tranchante, avancée sur un chemin de crête large comme un fil, encore plateau, encore glacier, encore encore plateau, encore encore glacier, labyrinthe de blocs à angles vifs, arches dévidées par en dessous, voûtes, exploration d'un moulin, un des porteurs tombe dans un trou, une perche de sapin le sauve, il perd un bagage rempli d'outils précieux, les échelles permettent de prendre des prises plus sûres que les pierres friables, col, tours, sommités faisant croire qu'on est arrivé mais pas encore, presque.

On est dans les deux cents derniers mètres qui sont les plus éprouvants, souffle devant être repris trois minutes durant tous les seize pas. L'oxygène manque de moitié. Le vent du nord aide à mieux respirer. Les chapeaux sont tenus bien ancrés sur les crânes. Dans la majorité des situations monsieur Henri se laisse porter par la corde et la force de Balmat. Il ne s'accroche pas aux prises naturelles, s'aide de l'échelle, ne regarde pas en bas, rampe quand il s'agit de se tenir debout au milieu du vide sur une arête étroite, compte sur son prédécesseur pour s'agripper à lui quand ça devient trop vertical et sur l'assise de son suiveur pour le retenir en cas de chute. Il continue à calculer le nombre de ses pas mais finit par oublier le total et évalue la hauteur à vue de nez. Le baromètre s'est arrêté à seize pouces et une ligne (son maximum en fait). Il faudrait inventer un appareil qui chiffre l'intensité du vide de manière à pouvoir s'y situer d'un point de vue physique mais aussi psychologique. Concentré sur ses pieds, ses mains, ses instruments de mesure et l'environnement proche, monsieur Henri n'a pas trop le loisir d'admirer le panorama qui s'est débouché dans les vapeurs du matin, agrandi durant l'ascension (devrais-je dire devenu plus bas, pointes sous leurs pieds et ciel plus large). Il le fait à un moment et son cœur bondit : on voit jusqu'au bout du monde. Ce qui étonne : l'omniprésence du ciel qui mange tout. Le reste a l'air si dérisoire, même les plus hautes montagnes. Malgré le Soleil en arrière-plan, les étoiles scintillent. Le ciel est beaucoup plus foncé qu'en plaine, d'une couleur qui rappelle la mer. Des nuages sont couchés sur les vallées. Monsieur Henri est au-dessus des nuages. Être ainsi exposé aux parties extrêmes du monde lui donne envie d'aller voir encore plus haut, de s'arrêter quelques instants pour retrouver des forces, se sentir léger et s'envoler au-dessus de la montagne, chercher s'il n'y a pas une montagne après la montagne, quelque chose, le monde d'encore plus haut.

À cause de mauvais pas et détours, la durée a été mal escomptée et la nuit ne va pas tarder à tomber. Une demi-journée de retard est annoncée sur l'emploi du temps prévu. Ils auraient dû être sur l'épaule de la montagne à midi, atteindre le cou (enfin ce qu'il en est) à trente et la tête à treize heures, ensuite redescendre au camp pour la nuit. Personne n'a de tente. Balmat cherche une caverne ou un rocher contre lesquels s'abriter, ça risque d'être hasardeux. On peut toujours redescendre maintenant et arriver au camp de nuit. Recommencer demain. Mais décision est prise, froid et hâte obligent, de finir l'ascension dans le peu de lumière qui reste. On improvisera pour le couchage. On ne se couchera peut-être pas.

Le sommet du mont Blanc est visible depuis une bonne heure, en dos d'âne ou arête allongée, dirigé du levant au couchant et à peu près horizontal dans sa partie la plus élevée, recouvert d'un vernis glacé qui sous les assauts du vent se soulève et projette de la poussière de neige à de grandes hauteurs. Un rayon de soleil du soir donne à cette espèce de fumée une couleur rouge qui rappelle les flammes d'un volcan. Monsieur Henri avait raison, il gravit le plus grand volcan du monde. Il aura de longues tâches à effectuer au sommet, notamment évaluer l'épaisseur de la neige grâce aux coupes vives et nettes des crevasses, à l'avancée de certains blocs et à l'étude comparative avec son long bâton de frêne. Mais une ravine de glace le séparera de la saillie qui donne accès au parvis final. Une hache aurait permis d'y tailler un escalier afin de descendre puis de remonter la ravine et ainsi atteindre l'autre bord. La hache se trouvait dans le sac perdu par le porteur, donc pas de sommet. Pas d'objectif atteint. Pourtant monsieur Henri est satisfait. C'est déjà incroyable qu'il soit parvenu jusque-là. Il a vaincu la peur, l'inconfort, le vertige.

La vue depuis l'épaule gauche est splendide même avec si peu de lumière, qui donne sur toute la chaîne des Alpes côté Italie et la vie, on le distingue bien, se résume à des forces en mouvement sur des forces en mouvement – entre les deux des êtres en sursis. Il côtoie l'essentiel. Tout est presque clair dans sa tête. La vie, la fin de la vie, le temps. Il croit voir dans la nature les ressorts qui font mouvoir le globe, d'une chaîne à une autre observer les principaux mécanismes responsables de ses révolutions. Il bat des mains parce qu'il a froid mais aussi parce qu'il est heureux. Il se tape le torse. Agite les bras. Saute. En sautant il met du temps à redescendre sur la neige, comme s'il était en suspension dans l'espace. Il recommence. Saute plus haut. Bat des bras. Ne retombe pas. S'envole.

Aussi extraordinaire que cela puisse paraître, à cause de l'atmosphère particulière, d'une joie intense qui l'habite et de la sensation d'être léger plus que tout grâce à son allégresse, monsieur Henri s'envole. Dans la lumière du soir, lampes à pétrole ont été allumées, portées en bout de poings et assez rapidement on ne le distingue plus. Il arrive au niveau du sommet, marque un temps d'arrêt en lévitation à tourner lentement sur lui-même (il doit jouir du panorama) puis laisse l'ascension se poursuivre. Bientôt un simple petit point noir est discerné dans le ciel déjà foncé dû à l'altitude et au soir et ensuite ça devient difficile de le repérer. Monsieur Henri est parti. Il reviendra dans trois jours. Le docteur n'est pas inquiet. Il dépasse la troposphère, atteint la stratosphère, traverse la mésosphère, la thermosphère, l'exosphère, entre en orbite géostationnaire.

Le Soleil se lève à l'autre bout de la planète quand monsieur Henri débarque en terre nouvelle. Un pays entre en guerre, monsieur Henri se dissimule derrière des huttes en feu ; des enfants crient dans les bras de leurs mères, des pères supplient. Des montures aux cavaliers armés font trembler la poussière même si la poussière ne tremble pas, elle se soulève, se disperse à tous les vents mais ça fait peur quand même. Monsieur Henri découvre la terreur, la pauvreté, le malheur, l'horreur, l'injustice, des lieux où les rêves n'ont pas leur place, des enfances bafouées, des peuples ayant nulle part où exister, pour qui la grande expédition de leur vie est de réussir à respirer, à manger et à boire, à vivre jusqu'au soir. Il découvre que le monde est mal fait, que certains le détruisent pendant que d'autres le construisent en s'appuyant sur les plus faibles, que même ceux qui le construisent en étant bien intentionnés le détruisent à petit feu et bientôt qu'il explosera, il commence déjà à imploser, à gonfler, à perdre la raison, à cracher ses boyaux, à recycler ses poisons. La pollution gagne du terrain. Il voit des forêts sans arbres, des lacs sans eau, des mers qui avancent, des continents qui reculent, des villes hautes comme des montagnes empiétant sur les déserts.

Comparé à l'Everest, le mont Blanc est minuscule. Tout son périple est dérisoire. La vallée des Dix Mille Fumées ne ressemble pas au spectacle fantasmé, à peine exhale-t-elle de frêles fumerolles dispersées sur un large désert. Le mont Katmaï : de la boue et des cendres. Les volcans qui l'entourent sont plus hauts que le mont Blanc et très nombreux. Le Chimborazo les battra toujours tous. La course à la découverte ne finit jamais. Il a l'impression d'avoir été dupé. D'avoir cherché ce qu'on trouvera toujours mieux ailleurs.

Il survole des gouffres sans fond, passe à travers de larges trous noirs, se laisse porter par des courants dans des couloirs aériens. Évite un cyclone. Se prend une grosse tempête. Assiste à un vrai tremblement de terre. Un raz de marée. Ressent le froid polaire, le chaud bouillant, la faim, la soif.

C'est au camp de base qu'il réapparaît à son retour. Les autres ont eu la gentillesse et la patience de l'attendre, au terme de cette aventure nous pouvons saluer les qualités humaines de cette équipe. La figure de monsieur Henri est triste. Il est peut-être allé trop loin, a peut-être surévalué sa volonté en surpassant ses limites. Il les remercie d'être là, d'être toujours là, d'avoir toujours été là.

Il s'assoit dans la neige, regarde ses mains, ne parle pas pendant au moins une minute. Puis il se lève, débarrasse la neige de son manteau usé et sans quitter des yeux ses mains, sans profiter une dernière fois du décor qui l'entoure, annonce qu'il est fatigué, qu'il veut rentrer à présent. Pour de bon. Le voyage est terminé. Je veux rentrer, dit-il. Oui, rentrons, insiste-t-il doucement.

IX

De retour à la maison monsieur Henri peine à reconnaître l'endroit, murs extérieurs, toiture, parc qu'on aperçoit depuis le trottoir, tant il a recomposé le souvenir de son image dans sa tête et à travers la photo qui le représentait.

Il est content de retrouver son domicile après tous ces lieux habités, visités. Il fait le tour du jardin une bonne dizaine de fois puis se met à genoux devant le portail ouvert en embrassant la terre afin de rendre grâce pour ce voyage déroulé sans encombre et qui les ramène vivants après pas autant de péripéties que ça mais beaucoup de découvertes et d'enrichissement personnel. Ce sont les mots qu'il emploie au moment du discours car désormais monsieur Henri fait des discours, ne craint plus de parler en public, de parler tout court, de se prendre un peu au sérieux – un tressautement point dans sa voix lors des premières secondes et il ne parle pas longtemps. C'est un tout petit discours sans vraiment de public.

Comme au départ, la gouvernante a organisé une petite cérémonie, sans le maire cette fois-ci, en visite dans le département voisin pour le week-end, ni l'orchestre, démantelé pour une histoire de choriste qui aurait couché avec le percussionniste. Il n'y a que la femme du nouveau voisin et l'adjoint au maire si discret et si maigre, si pâle avec son gobelet en plastique blanc qu'il tient à peine dans sa main, qu'on le croirait absent.

On boit du crémant et on en brise une bouteille pleine contre le mur en crépi de la maison, ce qui ne plaît pas forcément à monsieur Henri qui trouve au mur un impact à l'endroit du choc.

La maison avec sa verdure autour, la surface habitée, est baptisée Montcalme (monsieur Henri hésite avec Magloire). Il s'y sent comme à l'intérieur de lui-même, apaisé, en sécurité. Il est content de retrouver la gouvernante qu'il s'efforce de percevoir comme si c'était la première fois. Il lui demande des précisions sur elle, sa situation, ses intentions, son avenir. Avez-vous des enfants avec moi ? Il l'invite à danser sur l'absence de musique et ils tournent lentement devant les baies du salon, sur l'herbe entre les baies et un eucalyptus déjà bien développé. L'herbe est haute, elle a poussé, les façades ont imprégné l'humidité en de saumâtres coulées, il a beaucoup plu pendant votre séjour, annonce la gouvernante. Le nouveau voisin veillera à remettre l'ensemble à neuf, comme chez lui, dès que le Soleil reviendra. Le Soleil revient d'ailleurs dès le surlendemain, pas encore tout à fait, d'abord sous forme de lumière plus forte dans le ciel moins gris mais toujours couvert, gris clair, bientôt blanc, puis de timides trouées bienfaisantes et réchauffantes après notre épisode de froid.

Incontestablement le retour de monsieur Henri marque le retour de quelque chose de bon ; l'été ne va plus tarder à arriver.

Après sa longue aventure, il consacre la moitié de la saison à se reposer. Nous pouvons dire qu'il déploie une énergie débordante à se reposer, à ne rien faire, ne se levant qu'à des fins fonctionnelles jusqu'à la cuisine, la salle d'eau juste en face, allant du lit à la fenêtre et de la fenêtre au lit pour s'occuper des volets, s'aventurant dans l'escalier seulement le week-end histoire de couper avec la semaine. Il se remémore son voyage, les détails, les visions, les sensations, les rencontres sans bouger de son fauteuil ou de son lit. Il dort sans dormir, garde les yeux ouverts, respire fort, porte son menton d'un doigt quand il est assis, reste immobile, se délasse, fixe le mur ou une branche avec son bouquet de feuilles ou de fleurs par la fenêtre, profite du temps qui s'écoule, écoute la pluie, regarde pousser les arbres. Aucune nostalgie dans cette attitude, juste une façon d'enregistrer les événements passés et d'embrayer sur autre chose, nous verrons quoi.

Au début le docteur et le nouveau voisin n'osaient pas trop partir, s'éloigner de monsieur Henri, le laisser seul dans une pièce. L'habitude était devenue trop forte de le soutenir, d'être ensemble, et les premières nuits ont eu lieu dans la même chambre. Ils auraient pu continuer à habiter la camionnette mais l'ami du nouveau voisin qui en était propriétaire l'avait recyclée au mari de sa cousine qui lançait une entreprise de plomberie. Puis le trio s'est disloqué naturellement, le docteur reprenant quelques consultations et le nouveau voisin s'occupant du jardin.

Depuis sa chambre monsieur Henri entend le moteur de la tondeuse dont il héritera quand le nouveau voisin déménagera et sent l'odeur de l'herbe coupée qui se mêle à celle de la végétation bien installée. Ça lui rappelle les forêts traversées, les chemins, la campagne épanouie récemment sillonnée. Il aimerait voir la mer depuis sa fenêtre, la surface plane et étendue d'une eau qui miroite sous le ciel. Un lac. Se trouver au pied d'un volcan. Encaissé dans une vallée de montagnes. À l'orée d'un désert ou d'un trou dans la terre. Se promener chaque jour dans le monde qu'il vient de découvrir et s'en retourner chez soi le soir. Refaire le parcours par petits bouts, dans le désordre. Y revenir sans cesse. L'intégrer à une promenade quotidienne.

La rêverie a pris le pas sur la réalité, monsieur Henri se plaît à imaginer un nouveau voyage, un nouveau départ sans chercher à le préparer ni à sortir de chez lui car il s'est trop exposé, déplacé, le moment est venu de faire le point, de réfléchir à ce qui l'a imprégné pendant cette sortie. Il se demande si son voyage a servi à quelque chose et si quelque chose dans la vie est plus utile qu'autre chose. Quoi qu'on fasse, le monde continue de tourner, avec ses bons et ses mauvais côtés.

Alors qu'il vient de revenir, il se contente donc d'y penser, de penser au fait de voyager, de se mettre dans la peau de quelqu'un qui s'apprête à partir ou qui part continuellement, d'un coin à l'autre d'une pièce, dans sa tête. Partir c'est une manière de voir la vie, de considérer le temps qui passe comme un déplacement en soi. On peut partir à chaque seconde sans bouger d'un millimètre.

Il commence toutefois à se remettre à bouger, à s'activer un peu, à ne plus consacrer son énergie à se reposer. Il descend au garage où sont entreposées ses caisses, quatre grandes fermées par de solides cordes qu'il a transportées avec lui et déposées le jour de son retour ou fait livrer pendant son séjour. Elles renferment quatre mille échantillons de spécimens botaniques dont une dizaine de fossiles rares, pense-t-il, ainsi que toutes sortes de prélèvements plus ou moins naturels tels que branches, pneus, boulons, chiffons, bijoux fantaisie et poupées tribales trouvés sur la route. Monsieur Henri compte en recenser le contenu ; chiffrer, situer, identifier, classer chaque élément et l'exposer afin que la science y ait accès – des savants du monde entier se presseront pour étudier la récolte. Il s'apprête à rédiger sa grande thèse sur la description du monde et du vivant, la façon dont il a perçu la vie et les différentes manières dont on peut la percevoir, en proposer une leçon riche d'enseignement et d'arguments inédits qui dépassera celles déjà écrites, toutes disciplines confondues. Sur ce point il se rend compte qu'il n'a pas tout exploité, qu'il a vu la France essentiellement et pas de tous les côtés. Les encyclopédistes ont brassé beaucoup plus large, il aurait peut-être dû lire *L'Encyclopédie* avant de partir.

Trois cartons posés sur les caisses semblent davantage abordables en matière de poids, aussi consent-il à s'y intéresser en premier et à les soulever pour les apporter vers la lumière du jour sur la table du salon où un coup de ciseau suffit à les ouvrir. Ils renferment des documents, papiers, affichettes, plans, cartes, prospectus glanés sur son parcours, livres et carnets. Pour les carnets : un carnet à dessins rangé dans une chemise avec un tas de feuilles Canson, un carnet de notes et un cahier de réflexions. Il n'a pas écrit tant que ça.

C'est à cette tâche de transcription que monsieur Henri consacrera ses premières journées de réelle activité, développant ce qu'il a seulement évoqué, transformant les mots en phrases, les phrases en paragraphes, ajoutant des passages, imaginant des nouveautés, retranchant des idées, élaborant des pensées, rassemblant des thèmes éparpillés, construisant une solide chronologie, cherchant à se relire parfois sans réussite. Il écrit sur la table du salon dans un cahier à lignes, trouve une machine, tape à la machine, il y a un ordinateur, tape à l'ordinateur. Taper à l'ordinateur : c'est lent mais ça fait plus propre. Il tape d'un doigt. Avec l'habitude utilisera ses deux mains et se prendra pour un pianiste qui compose une partition du silence. Il s'intéresse d'ailleurs à la musique, écoute la radio : Mozart, Schubert, Beethoven l'émeuvent aux larmes. Rachmaninov le téléporte dans des contrées inexplorées. Les Beatles lui procurent de la joie. Il reste en grande partie dans le silence, n'allume que le soir et pas systématiquement. Il trouve que le silence est une musique à lui seul ; à travers lui entend tous les sons possibles et inimaginables, les notes contenues dans la mémoire, archivées comme dans un ordinateur après l'écoute d'une mélodie ou qui gravitent plus naturellement dans l'espace et font partie du quotidien ; les notes qu'on a en soi et nous composent humainement ; celles de notre respiration, de notre façon de nous déplacer, de notre manière de nous confronter à notre passé, à l'avenir et à la solitude. L'esprit active ces fonctions pour obtenir satisfaction sans qu'aucun poste soit branché.

Monsieur Henri travaille pendant deux semaines à mettre au propre son cahier, son carnet et à trier ses papiers mais en fin de compte le carnet suffisait : plus spontané, plus ramassé, moins bavard. Des schémas le composent, ce qui n'enlève rien à son authenticité narrative. Mais l'écriture de ce qui s'est déjà passé ne semble pas le passionner particulièrement. Monsieur Henri se passionne surtout pour ce qui advient et qu'il ne connaît pas. Il y aurait même des passages réécrits où l'ennui se sent clairement et ça, quand on lit c'est pas bon. Chaque phrase doit naître du désir.

Il se tourne alors vers l'écriture inventive, poétique, romanesque, de nouvelles dont il espère fantaisie et échappées. Délaisse le récit de son propre voyage pour se rendre vers des terrains inconnus de textes aux catégories floues. Passages courts ? Longs ? Peu importe. Il veut essayer, y avait déjà pensé avant son voyage mais depuis, tout a changé. Écrire une première phrase. Voir où il peut aller et ce qu'il peut trouver. Aligner des mots qui ne s'assemblent pas bien mais dont le résultat lui convient sur le moment – que sait-on de l'harmonie verbale ?

Il se crée une autre réalité. Une nouvelle langue. Un nouveau voyage. Chaque matin, en se mettant à sa table, c'est comme s'il se préparait à un nouveau départ. C'est excitant et angoissant : on agit sans filet. On est le pilote d'une grosse navette qui peut se poser sur Mars, Pluton ou sur la Lune. Tout est possible et pourtant un seul sillage sera laissé derrière soi dans cet horizon à ciel ouvert que l'invention délivre. Il utilise des tournures compliquées et des mots rares pour planter le décor d'un univers atypique et qui ne ressemble à rien d'ordinaire : le chien cachectique répugne à manger diligemment.

Il réalise que ses textes ne veulent rien dire et aborde l'autre versant de l'écriture : le sens. L'exercice devient compliqué. Certains jours il remplace l'écriture par le dessin, passe de l'un à l'autre et aligne des petits ronds dans des ronds plus grands qui ressemblent à des mots dans des groupes de mots. Dessiner n'est pas plus facile mais l'écriture est momentanément abandonnée au profit de la lecture qui lui redonnera peut-être l'envie d'écrire et d'avancer à nouveau, de reprendre sa thèse, c'est souvent dans ce sens-là que ça marche. Il s'y remettra par saccades jusqu'à ce qu'il ne puisse plus, revenant à chaque fois sur ce qu'il a commencé, c'est-à-dire sans avancer tout à fait, reculant même parfois. L'écriture d'invention lui donnera trop de difficulté pour qu'il prenne du plaisir. Il s'y collera tout aussi régulièrement sans aboutir à quoi que ce soit de présentable ni de cohérent.

Sa bibliothèque comporte un bon millier de titres parmi lesquels certains de Maupassant, Flaubert, Jules Verne, Dostoïevski. Il dévore le voyage autour du monde de Chamisso, se reconnaît un peu dans celui en France de Charles Le Maistre. Découvre les écrivains américains, la poésie nordique. Ne comprend pas tout mais se laisse porter par la forme. S'évade sans sortir de sa chambre et en ayant l'impression de ne rien exercer de particulier (ne s'ennuie pas pour autant car la littérature remplit, satisfait pleinement, rend vivant – donne envie de lire et de vivre).

C'est ainsi qu'entre deux livres à lire et parfois des phrases à recopier dans un feuillet de citations, monsieur Henri recommence à ne rien faire tout en se sentant débordant d'activité et plein d'espérance pour l'avenir. Il poursuit le remplissage de fiches de classement sur ce qu'il pense, ne pense pas, voit, ne voit pas, sent, capte, analyse ; des fiches à l'intérieur des fiches lui rappelant de faire des fiches ; cependant la façon qu'il a de s'en détacher une fois le travail accompli ou qu'une difficulté surgit montre qu'il est plus léger qu'auparavant. Son ambition de comprendre le sens de l'existence dans ses moindres détails s'apaise, on dirait qu'il admet qu'il y ait plusieurs vérités, plusieurs mécanismes et que la plupart des mécanismes de la vérité fonctionnent selon des principes paradoxaux et contradictoires. Et donc qu'il n'y a rien d'autre à attendre que de ne pas essayer de comprendre.

Il marche avec plus de souplesse. Sort sur la terrasse, avance dans l'allée de gravier blanc jusqu'à l'étang, s'assoit sur le banc, pense à la chèvre, la poule ou l'âne pour raser l'herbe de l'île qui ne cesse de croître et dont il faudrait faire l'acquisition avant que la végétation ne vienne à dissimuler l'île ou à rejoindre le bord et donc à ne plus faire partie d'une île. Il fera demi-tour à l'orée du bois.

Monsieur Henri vit ainsi pendant dix ans, alternant périodes calmes mais pleines à lire, écrire et recopier, et périodes physiquement plus occupées : taille des haies, roses, bouturage des hortensias, jardinage, ratissage (pour la tonte le nouveau nouveau voisin prendra la relève de l'ancien nouveau voisin), rafistolage du toit de l'abri aux outils de jardin, pose d'une gouttière, ravalement de façade, remplacement du tout-à-l'égout, projet de potager, culture d'un potager, projet de pépinière, verger, d'abord tout savoir sur le rempaillage des chaises, la tapisserie, le filage de la laine, origami, ikebana, bonsaï, retour aux arbres, aux fruits, stockage de glands, marrons, châtaignes, graines de tilleuls, noix, pépins de pommes, poires, grenades, noyaux de cerises, abricots, prunes, le kaki vient du plaqueminier, le plaqueminier entre dans la catégorie des arbres convoités pour leur nom atypique comme le cognassier et son coing, le néflier du Japon et sa nèfle, le mirabellier et sa mirabelle, le micocoulier et sa micocoule ; autant de semences à moitié enterrées dans des cagettes stockées au garage en attendant la germination : hivernage, lignes de plantation devant le bois, plantation, gel à répétition, apparition d'un carpocapse, on s'émerveille du mot et de l'insecte mais perte de la récolte, pas fait de plan, mal réfléchi au regroupement des espèces, à l'écartement, à l'écartèlement, à l'ensoleillement, abandon du verger, inondation du potager, construction d'une orangerie afin de parer au gel et à la pluie, construction dans la foulée d'un deuxième abri aux outils de jardin qui prend l'allure d'une cabane où il pourrait s'installer un lit et une véranda pour regarder les étoiles au sec, partir en voyage dans son jardin, avoir un petit coin de trappeur en pleine nature rien qu'à lui. Il y a des étoiles bleues selon où on se trouve, comment on les regarde et ce qui se reflète en elles ; des satellites, des météorites. Une nuit, monsieur Henri compte quarante-sept étoiles filantes. Allongé sous une couverture il essaye de se rappeler les leçons astronomiques du docteur mais se contente d'admirer sans rien reconnaître. Il ne sera jamais allé au bout d'aucune science, privilégiant la contemplation, l'émerveillement et la recherche.

Aucune invitation à quitter sa propriété, pas de petit week-end improvisé, nulle visite. Les caisses de son voyage prennent la poussière et n'ont pas été ouvertes, monsieur Henri n'y pense pas moins tous les jours, descend les voir, passe ses doigts le long du bois en se remémorant les grandes heures de son épopée, parfois se plaît à imaginer une prochaine expédition.

La gouvernante veille sur monsieur Henri avec autant de soin que le docteur et je pense que c'est la belle chance de sa vie : être entouré physiquement. Jusqu'au jour où la gouvernante disparaît et voilà, ça marque une rupture forcément. Avec sa sœur, avance-t-on d'abord, chez sa sœur. Elle va revenir. Sa sœur avait besoin de soutien. Mais elle ne revient pas. Jamais. Elle n'est peut-être jamais partie chez sa sœur, seulement partie tout court, sans quitter la maison, avec discrétion, comme elle a toujours fait.

Monsieur Henri se retrouve seul, le docteur est en train de renouveler sa patientèle, le nouveau voisin déménage ; il ne marche plus très facilement, ne voit plus aussi clair, entend moins les oiseaux sur les branches. Il n'était plus très jeune au début de cette histoire et commence à être sacrément vieux à présent.

Le départ de la gouvernante lui fait prendre conscience de l'inéluctabilité d'un ultime voyage qui nous attend tous et dont on ne revient pas. On peut dire que cette perspective ne l'excite pas autant qu'une expédition dont il aimerait prendre à nouveau le commandement, une expédition encore plus longue, plus lointaine – malgré l'âge, le désir ne tarit pas. Mais l'idée de la mort l'interroge et l'attise autant que les autres sujets. Il se demande ce que ça fait de mourir, comment on meurt, si on se souvient qu'on était vivant avant d'être mort, si c'est pareil que de s'endormir et de se réveiller dans un autre lit ou sur une étendue douce de mousse verte – ça doit dépendre de comment on meurt.

Grande question : y a-t-il une vie après la mort, une destination finale qui nous comble pour l'éternité où débarrassé de la peur d'en finir on vit dans l'insouciance et la fraternité en priant pour les vivants ? Encore faut-il savoir prier, comprendre ce que ça signifie, prier, être accepté par le Maître des lieux. Qui est Dieu ? Est-Il seul ou multiple ?

Les mêmes questions qu'il se posait au monastère reviennent. On n'en finit jamais avec ces questions-là.

Loin d'inquiéter monsieur Henri, donc, l'entrée dans la vieillesse et les détériorations qu'elle entraîne, l'usure du corps, les hanches moins mobiles, les genoux moins flexibles, l'équilibre moins stable, les gestes moins habiles, la patience plus friable, la fatigue irrécupérable, le cerveau lent, la mémoire qui défaille, la concentration volage, le regard vague, le vague à l'âme qui menace, toutes ces contraintes redoublaient en lui l'envie de vivre et de se sentir encore vaillant, ne serait-ce que du bout des doigts, du bout des ongles. La mort est une aventure ; elle se prépare et il compte ne pas sauter d'étapes.

Dix ans encore plus tard monsieur Henri est toujours là, passons sur l'âge qui devient vénérable. La marche est difficile quoique toujours souple, le souffle court mais bien marqué, la main tremblante mais assez sûre, l'œil rond, lointain mais alerte. La fatigue a redoublé chaque année comme si un poids multipliait sa charge sur les épaules et les sorties au jardin sont moins longues, les activités manuelles plus rares. Il passe de longues heures à rêver dans le fauteuil du salon, à s'assoupir à moitié, à se réveiller, à guetter au nord par la double porte vitrée dont il a ouvert les rideaux le passage de grands animaux sauvages qui ne viennent pas. Il a gardé sa chambre du bas pour ne pas avoir à monter l'escalier. Pour certaines choses il est plus à son aise que quand il était moins vieux.

La preuve : pas plus tard qu'hier il ouvre ses caisses et l'envie de voyager le reprend. Ni vallée des Dix Mille Fumées ni volcans, geysers, tremblements de terre, grottes, souterrains. Mieux, grandiose, improbable : destination qui existe sans exister et dont les contours se sont formés pendant ses rêves éveillés, animés pendant ses rêves nocturnes car la nuit comme le jour, depuis qu'il voit de moins en moins, bouge avec peine, entend difficilement, touche d'une main presque fermée, monsieur Henri s'est mis à rêver, beaucoup et longtemps : une rivière de perles naturelles étincelant sous le Soleil à l'extrême ouest de la Nouvelle-Hollande qui ne s'appelle plus ainsi, près de la Nouvelle-Zélande au nom évoquant un ailleurs inaccessible, introuvable sur les cartes historiques qu'il possède, dont la remontée du cours débouche sur un lac solaire rempli de gaz irradiant et rajeunissant. Il n'en sait pas davantage, cherche encore des informations sur le lac, le cours d'eau et la localisation de sa source. Le transport se ferait à bord du plus gros et luxueux bateau jamais construit, un cinq-mâts carré dont la coque rappelle le paquebot, hauteur d'immeuble, largeur d'aéroport, résistant aux plus fortes tempêtes, insubmersible, propulsé à l'hydrogène et doté de panneaux solaires sur les vergues de voiles donnant au bâtiment la possibilité de voler à partir d'une certaine vitesse, non pas à quelques centimètres de l'eau mais bien comme un avion, au-dessus de cent mètres. Au contact de la rivière et du lac, le bateau se transformera complètement sous l'effet de l'énergie et de la beauté des lieux mais on ne sait pas en quoi, peut-être en oiseau ou en animal aquatique. C'est là tout l'intérêt de la mission. Ces eaux auraient un pouvoir magique sur certains matériaux dont celui du bateau (carbone) et sur ce qui fonctionne à l'énergie solaire. Son nom : l'*Ex.Ex.*

Pour cette aventure monsieur Henri, après son combat contre le vertige au mont Blanc, n'aura pas d'autre choix que de vaincre aussi son mal de mer. Et de s'armer d'une bonne équipe, d'étudier la logistique.

La pensée de cette expédition occupera monsieur Henri jusqu'à la fin, la pensée seulement même si parfois il dessine les plans de son bateau, liste le matériel à emporter, les personnes à réunir, comptabilise le coût de l'expédition et les retombées poétiques plus que scientifiques. Le recours à des partenaires devrait rendre l'affaire économique. Il s'accroche à ce projet comme à un dernier rêve. Chaque jour qui passe le voit décliner un peu plus, mais un Soleil qui se couche réapparaît dans le même temps ailleurs. Plus il s'éteint, plus la lumière qu'il ne renvoie plus grandit à l'intérieur de lui, l'encourage à poursuivre le passage d'un cap avec insouciance. Pour son voyage on lui fabriquerait un déambulateur qui repousserait les limites, un caisson à oxygène sur roulettes pour le transporter partout, un lit de malade chauffant à moteur électrique.

L'âge condamne monsieur Henri à ne pas exécuter son projet, il le sait ; à attendre sagement le dernier départ pour l'autre nouveau monde, celui dont on n'a aucun retour de personne or il se dit qu'il sera peut-être le premier à revenir pour témoigner et cette éventualité le régénère. Sa mission en Nouvelle-Zélande ressemble à l'idée qu'on peut se faire du paradis, peut-être même que c'est cela, son projet : se préparer pour le paradis. Or on y part sans bagages, démuni de tout, nu. Le temps est au délestage : se consacrer à l'inverse de ce à quoi on se consacre habituellement pour un voyage de découverte : se débarrasser du maximum, n'être plus que soi-même, sans rien ni personne autour. Lâcher le contrôle. Ne plus chercher à rien préparer.

À force de se concentrer sur cet état présent qui dure, monsieur Henri se met à flotter, à confondre ses rêves et la réalité. En fermant les yeux il voit des lacs par dizaines, brûlant sous le Soleil, des lacs vus du ciel et aussi des lacs vus de la Terre, éparpillés sur une plaine infinie, savane verdoyante. Il voit des perles qui roulent sous les pieds, sous les doigts, sous les corps, des enfants qui se baignent dans les perles, lui-même qui plonge la tête la première et se retrouve avec un collier autour du cou. Des souvenirs de sa vie resurgissent, si on l'interrogeait on en saurait sur lui, son passé, ce qu'il a fait, qui il a été – car le lecteur ne sait toujours rien.

La solitude et le repli l'amènent à chercher la présence de quelqu'un qui le conduirait sur les derniers chemins intérieurs, comme avec Jean-Paul et Balmat sur les chemins extérieurs. Comme il sent dans ce désir une orientation relativement spirituelle, l'idée lui vient de rencontrer le curé du village pour lui proposer de devenir son capitaine de voyage, lui ou un clerc, un diacre, une sœur, un laïc qui connaît bien le curé. Mais la perspective l'ennuie de se déplacer jusqu'à l'église, de chercher le presbytère, de prendre rendez-vous, articuler, parler, discuter, casser le silence où il vit et s'ébattre dans la pénombre qui l'entoure (car il est presque aveugle). C'est donc assez naturellement que pour ce genre de demande ardente le curé vient en lui sous l'apparence d'un messager qui ne dérange personne, marche sur la pointe des pieds, grandit dans le cœur sans bruit et sans mal et qu'on qualifie ordinairement d'ange. L'ange bat des ailes sous la poitrine, chasse la poussière, conserve les rhumatismes, chantonne doucement à l'oreille de son hôte, prend ses aises, devient un autre vous-même qui délivre de tout, desserre ce qui ligote, retient, au sens figuré et élève.

Si monsieur Henri avait eu assez de force dans les yeux pour lire, il aurait approfondi ces sentiments nouveaux qui l'étreignent de légèreté et de puissance à la fois en consultant des ouvrages religieux – de nombreux savants et écrivains se sont penchés sur le sujet, certains aventuriers aussi. Se peut-il qu'il soit la cible de phénomènes mystiques ? S'intéresser à la question de la foi permettrait de savoir si son ressenti vient bien de là. Parce que ça peut venir d'ailleurs, d'une bonne humeur, heureuse nature, confiance en la vie et en l'homme tout simplement, espérance. Être une coïncidence. C'est dommage que ça lui tombe dessus si tard, l'idée aurait mérité d'être creusée plus tôt. Parfois la vie passe à côté de l'essentiel. Avec cette dimension supplémentaire, sûrement que les questions qu'il s'est posées et les réponses auraient pris une autre tournure.

À défaut de curé et de quelqu'un à qui s'intéresser, la figure de Jésus-Christ en vient à attirer monsieur Henri. Son catéchisme lui rappelle combien courte fut sa destinée sur Terre, éternelle sa destinée au Ciel. Il a vécu parmi les hommes, répondant à de multiples questions sous forme d'aphorismes énigmatiques qui résonnent encore maintenant, est mort jeune, et un jour s'est envolé en étant à nouveau vivant, et pour toujours. Ce Jésus-Christ-là ferait un bon guide d'aventures pour monsieur Henri, un grand général l'emmenant au terme du trajet des vivants. Il se voit accompagné par lui au moment de mourir, comme il a été accompagné encore une fois par des aventuriers sur les terrains escarpés et encouragé depuis le début par le docteur, le nouveau voisin et la gouvernante. On ne fait rien de bien seul. Qu'a-t-il à perdre ? Même si Dieu n'existe pas, que le paradis non plus et que la mort est une absence de vie sans fond : ne peut-il pas espérer ? Espérer qu'il y a quelque chose après la mort plutôt que rien ?

En songe (puisqu'il est souvent question de songe dans la Bible) une arche dorée apparaît à monsieur Henri sur laquelle toute la Terre prend place, les mers, les forêts, les gens, les êtres. Il est passager de la machine. Il a recouvré forme, santé, vigueur. Son corps ne l'embarrasse plus. Il voit et marche bien. Sent le feu qui se ranime dans son corps et son sang.

L'arche glisse sur des rails fixés à un pont. Le pont enjambe le vide. En se penchant on distingue la Terre d'encore plus haut, une partie de la Terre qu'on n'a pas prise dans le bateau (tout ne rentrait pas). On passe d'une Terre à une autre grâce à ce pont solide. C'est très rassurant. Tout le monde a l'air content. La nouvelle Terre est lumineuse mais ce n'est pas le Soleil, enfin disons que c'est un Soleil où la vie peut croître, avec des phénomènes extraordinaires, encore mieux que le lac solaire et la rivière de perles, comme des arcs-en-ciel démontables et ajustables qui protègent de la pluie car il faut bien un peu de pluie et sur lesquels on peut grimper et se promener.

Et si c'était Lui, Jésus-Christ, qui possédait les réponses à ses questions ? Oubliés le mont Blanc, les volcans, les itinéraires à l'autre bout du monde. Ce personnage est peut-être au-dessus de tout, de la galaxie. Alors il doit Le rencontrer. Cette perspective le réjouit, c'est bien l'une des premières fois que monsieur Henri a hâte de rencontrer quelqu'un. Il demande à son ange si c'est possible de Lui parler sans se déplacer, de Le faire venir sans avoir à Le chercher, d'entrer directement en contact avec Lui. L'ange obtient qu'il Lui parle à mi-voix mais monsieur Henri ne capte pas de réaction de Sa part. Alors pour Le rencontrer vraiment, pas d'autre échéance que s'endormir plus profondément chaque jour, quitter peu à peu la vie d'ici-bas comme on y est venu, en simple usager. Rien ne nous appartient. On prend, on découvre et puis on rend, pour aller ailleurs, Dieu seul sait où, et encore.

Monsieur Henri rend donc ce qui lui a été prêté : dons, sens, qualités, défauts, vitalité. C'est une naissance à l'envers, l'inverse de ce qui s'est passé au début de cette histoire : on s'incline au lieu de se lever, on s'éteint au lieu de se rallumer. Mais ce n'est pas la mort pour autant, ce n'est pas la fin de la lumière, c'est la vie qui le quitte en lui laissant une petite veilleuse intérieure aussi précieuse qu'un trésor, une vie en miniature, ramassée et qu'on emporte avec soi n'importe où. L'ange souffle à monsieur Henri qu'il s'agit de l'âme et qu'ange et âme se mélangent. Monsieur Henri répond à son ange mais il répond peut-être à son âme. Il dit qu'il connaissait ce mot, âme. Il parle aussi à Dieu, qu'il appelle par Son prénom, Jésus, donc.

Il se voûte, s'aide d'une canne. L'obscurité a envahi son champ de vision, elle est devenue presque totale mais ça ne le dérange pas. Il se prend pour un navigateur en pleine mer, de nuit, qui se dirige aux étoiles. Ou pour un navigateur dans une forêt noire qui fait face à une multitude d'obstacles. Il ne discerne que des ombres, le contour des choses, plus de couleurs à part ce qui est vif, sinon tout en gris et marron foncé. Cette limite l'oblige à se débrouiller autrement, à chercher un moyen de se tirer de ce mauvais pas. L'ouverture des volets n'apporte plus de jour, de même que la fermeture ouvre normalement à la nuit. Il possède donc une deuxième canne, celle-ci blanche, pour reconnaître le coin des murs, les différents endroits de son habitation et une horloge sonnante pour se repérer dans le temps. Ses doigts peinent à tenir ou empoigner les objets, il n'a parfois plus de ressenti au bout des mains.

Ce qu'il aime : être assis sur la terrasse. La différence entre l'intérieur de sa maison et le jardin ou entre une fenêtre ouverte et fermée c'est la manifestation de la nature, le souffle de l'air, du vent qui vient sur ses joues, son visage, plus intense quand il est sur la terrasse que dans les courants d'air du salon, surtout quand le Soleil s'invite et se dépose sur lui par surprise, l'enveloppe de la tête aux pieds, le réchauffe. Et puis il y a le son de la nature, de la campagne, la grande campagne, profonde, au milieu de nulle part, celle qu'il aime, qui l'a vu renaître, un entêtant frémissement qui tient une note constante, sourd des racines, des nappes phréatiques et se propage dans le ciel, mille vies hurlant en silence à l'unisson, même de nuit mais de la nuit parlons-en, le son n'est pas tout à fait le même, en veille. En dépit de sa surdité, ces bruits lui parviennent, passent à travers les pores de sa peau et le réactivent dans sa décrépitude. Il y a aussi les odeurs qui n'ont rien perdu de leur subtilité, celles des fleurs, de l'air, de la terre humide, du bois sec, mouillé, en train de sécher, du Soleil encore sur sa peau, sur l'herbe fraîche, qui consume un peu la matière, exacerbe son parfum.

Monsieur Henri s'endort un soir et se réveille un matin sans plus de force pour bouger sous ses draps, lever la tête, tourner la langue, se relever, s'habiller, se déplacer dans la maison, aller jusqu'à la terrasse du jardin. Juste respirer, avaler et sa tête pour exister, sa pensée pour avancer, s'animer fébrilement. Cette partie de sa vie n'est pas la plus agréable. Il commence à en avoir marre de pouvoir juste être. Il faut une grande force pour n'être seulement, une grande patience.

Catherine, l'épouse du nouveau nouveau voisin, vient le nourrir, l'hydrater, lui faire sa toilette. Depuis un certain temps aussi il s'octroie l'aide d'une femme de chambre pour les travaux de la maison. Il est prêt pour le voyage, le grand et définitif voyage. Quand il arrive à parler il n'évoque que cela, le voyage, mélangeant toutes les sortes, l'aventure, le tourisme, la promenade, confondant les destinations, ne sachant plus finalement où aller, où il veut aller, où il va aller. Les plans du bateau volant ont évolué avec les diverses versions, la destination du voyage et le voyage lui-même qui change à chaque fois qu'il y pense.

Plus rien ne lui appartient, juste son esprit, sa conscience et sa veilleuse blottie tout contre lui, donnant raison d'espérer toujours. Il attend le départ, un signal, quelque chose qui viendrait lui dire qu'on y va.

Ça dure encore quelques jours et un soir c'est l'heure : il s'endort et ne se réveille pas. Juste avant de s'endormir il a eu un sursaut de vie ; il s'est levé, a marché dans la chambre, soucieux de se remettre au travail pour peaufiner son expédition en Nouvelle-Zélande. Il voulait peindre la rivière de perles et le lac solaire avant de les voir en vrai. Plusieurs tableaux à l'acrylique auraient révélé la couleur exceptionnelle des lieux sous différents angles et par étapes, facilitant leur localisation. Sur un autre : le visage du Grand Général. Il a tâté le coin des murs, la poignée de la porte, s'est senti déséquilibré et a échoué sur le lit où il s'est écroulé. En ne se réveillant pas il ne se rend même pas compte qu'il ne se réveille pas. Il n'y a aucun signal, ça se passe naturellement ; une transition, un glissement. Il part. Comme la gouvernante. Il part et ne revient pas. Ne reviendra jamais. Il est parti, voilà. En partant il a souri, son sourire est resté figé pour l'éternité, tout comme le plissement au coin de ses paupières. On aurait dit qu'il avait dit merci.

RÉALISATION : IGS-CP À L'ISLE-D'ESPAGNAC
IMPRESSION : NORMANDIE ROTO IMPRESSION S.A.S. À LONRAI
DÉPÔT LÉGAL : AOÛT 2018. N° 124002 (1801509)
Imprimé en France